Alltag, Beruf & Co. 6

Kursbuch + Arbeitsbuch

Norbert Becker

Jörg Braunert

Hueber Verlag

Zu **Alltag, Beruf & Co. 6** gehören die Audio-CDs zum Kursbuch (ISBN 978–3–19–631590–5), das Wörterlernheft (ISBN 978–3–19–651590–9) und das Lehrerhandbuch (ISBN 978–3–19–641590–2). Weitere Materialien zu diesem Lehrwerk finden Sie in unserem Internet-Lehrwerkservice unter www.hueber.de/alltag-beruf.

Beratung:
Dr. Bernd Zabel, Goethe-Institut, Leiter der Spracharbeit in Schweden

Zeichenerklärung

1,1 — Den Hörtext für diese Aufgabe finden Sie auf den Audio-CDs zum Kursbuch (ISBN 978–3–19–631590–5) unter der angegebenen Track-Nummer. In diesem Beispiel ist es auf der CD1 der Track 1.

AB 1 — Den Hörtext für diese Aufgabe finden Sie auf der in diesem Buch eingeklebten Audio-CD zum Arbeitsbuch unter der angegebenen Track-Nummer.

S. 12 A — Hierzu gibt es eine Übung im Arbeitsbuchteil auf der angegebenen Seite. In diesem Beispiel ist es die Übung A auf Seite 12.

Gr. S. 11, 1 — Eine erklärende Darstellung zu diesem Grammatikthema finden Sie auf der angegebenen Seite im angegebenen Abschnitt. In diesem Beispiel ist es der Abschnitt 1 auf Seite 11.

Das Werk und seine Teile sind urheberrechtlich geschützt. Jede Verwertung in anderen als den gesetzlich zugelassenen Fällen bedarf deshalb der vorherigen schriftlichen Einwilligung des Verlags.

Hinweis zu § 52a UrhG: Weder das Werk noch seine Teile dürfen ohne eine solche Einwilligung überspielt, gespeichert und in ein Netzwerk eingespielt werden. Dies gilt auch für Intranets von Firmen und von Schulen und sonstigen Bildungseinrichtungen.

Eingetragene Warenzeichen oder Marken sind Eigentum des jeweiligen Zeichen- bzw. Markeninhabers, auch dann, wenn diese nicht gekennzeichnet sind. Es ist jedoch zu beachten, dass weder das Vorhandensein noch das Fehlen derartiger Kennzeichnungen die Rechtslage hinsichtlich dieser gewerblichen Schutzrechte berührt.

3. 2. 1.	Die letzten Ziffern
2015 14 13 12 11	bezeichnen Zahl und Jahr des Druckes.

Alle Drucke dieser Auflage können, da unverändert, nebeneinander benutzt werden.
1. Auflage
© 2011 Hueber Verlag, 85737 Ismaning, Deutschland
Layout und Satz: DESIGN IM KONTOR, München: Iris Steiner, Andreas von Hacht
Zeichnungen: Michael Luz, Stuttgart
Titelbild: © getty images/Digital Vision/David Lees
Gesamtherstellung: Firmengruppe APPL, aprinta druck, Wemding
Printed in Germany
ISBN 978–3–19–601590–4

Vorwort

Liebe Lehrerinnen und Lehrer,
liebe Lernerinnen und Lerner,

Sie halten den sechsten Band des Lehrwerks **Alltag, Beruf & Co. (AB&C)** in der Hand. Die ersten vier Bände decken die Stufen A1 und A2 des Gemeinsamen Europäischen Referenzrahmens ab. Sie führen zu den Prüfungen Start Deutsch 1 (A1), Start Deutsch 2 (A2) beziehungsweise zur berufsorientierten Variante telc Deutsch A2+ Beruf. Die Bände 5 und 6 decken die Stufe B1 ab und führen zum Zertifikat Deutsch (B1) beziehungsweise zu telc Deutsch B1+ Beruf.

Für welche Lernergruppen ist AB&C gedacht?

Das Lehrwerk wendet sich an Lerner, die in Deutschland, Österreich oder der Schweiz leben, die dort arbeiten oder in ihrem Heimatland mit deutschsprachigen Geschäftspartnern zu tun haben.

Die Verbindung von Alltag und Beruf

Wer sich heutzutage zum Erlernen der deutschen Sprache entschließt, hat dafür meist berufliche Gründe. Man benötigt Sprachkenntnisse, um die alltäglichen Lebensbedürfnisse zu bewältigen und um sich in der beruflichen Wirklichkeit zurechtzufinden. AB&C stellt sich beiden Anforderungen. Es verlangt von Ihnen nicht die Entscheidung zwischen „mehr Allgemeinsprache" oder „mehr Berufssprache". Erstmals haben Sie mit AB&C ein Lehrwerk, das die Trennung von beiden Bereichen überwindet.

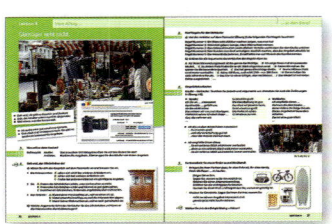

In den kurzen, überschaubaren 10 Lektionen serviert AB&C den Lernstoff in kleinen Portionen.
Die erste Doppelseite der Lektion enthält Situationen, Inhalte, Wortschatz und Mitteilungsabsichten aus **lebensnahen Alltagssituationen** und überträgt sie ins **berufliche Umfeld**.

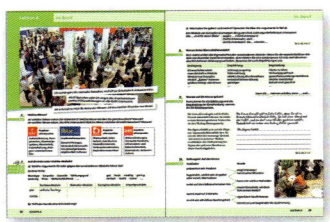

Die zweite Doppelseite greift den Stoff der ersten Doppelseite wieder auf und erweitert ihn im **beruflichen Umfeld**. Ist für Sie der Alltag oder die berufliche Seite wichtiger? Sie, die Kursteilnehmer und Lehrkräfte, können entscheiden.

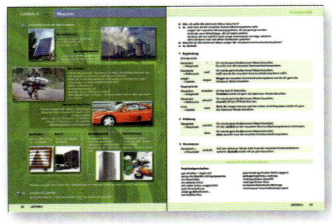

Die Lektion endet mit dem **Magazin** – Lese-, Hör- und Übungsangebote, manchmal überraschend, manchmal am Rande der Wirklichkeit und manchmal nicht ganz ernst gemeint. Auf der gegenüberliegenden Seite finden Sie den **Grammatikstoff der Lektion** – zum Nachschlagen, zur Kontrolle und zum Wiederholen.

Für die Vertiefung im Unterricht und für die Arbeit zu Hause folgt zu jeder Doppelseite in der Lektion jeweils eine Doppelseite **Übungen**. Mit dem Kursbuch erwerben Sie die **CD mit den Hör- und Sprechübungen**. Damit wird AB&C zu einem kompakten Kraftpaket.

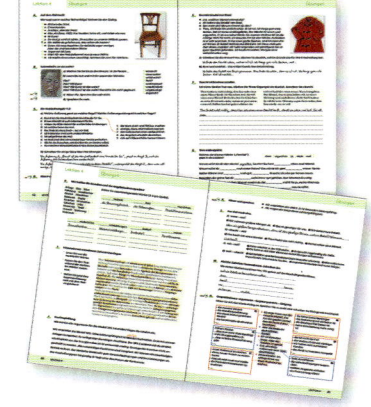

Am Ende des Kursbuchs finden Sie einen **Abschlusstest**.

Das Lehrerhandbuch enthält neben einer leicht verständlichen Begründung des didaktischmethodischen Ansatzes einen Vorschlag zur Unterrichtsgestaltung für jede Lektion, dazu die Transkripte der Hörtexte und -übungen und den Lösungsschlüssel. Nach den Lektionen 2, 4, 6, 8 und 10 finden Sie Kopiervorlagen mit Lern-Kontrolltests.

Das Wörterlernheft präsentiert den Lernwortschatz einer jeden Lektion mit einem typischen erklärenden Kontext, schließt Übungen zur Vertiefung und Selbstüberprüfung an und lässt Raum für Notizen.

Zum Lernpaket gehören auch zwei **CDs mit den Hörübungen und Dialogen** des Lektionsteils. Weitere Übungsangebote finden Sie im **Internet** im Lehrwerkservice von **Alltag, Beruf & Co.** unter www.hueber.de/alltag-beruf.

Viel Spaß und Erfolg beim Lehren und Lernen wünschen Ihnen

Autoren und Verlag

Inhalt

Vorwort 3

Lektion 1   Dr. Dagobert Lindner, genannt Dago, Daggy ...

Vom Alltag in den Beruf	Vor-, Familien-, Kurz-, Kose-, Spitzname, Namenskürzel – Funktionskürzel – Kose- und Spitznamen bei der Erwähnung von Personen	6–7
Im Beruf	Begrüßung von Bekannten, Kollegen, Firmenbesuchern – Berichten – Begrüßen mit unterschiedlicher Vertrautheit	8–9
Magazin	Abkürzungen im Betriebsalltag	10
Grammatik und Übungsteil		11–15

Grammatik
- Indirekte Rede
- Redewiedergabe mit *dass*-Satz und mit indirekter Rede
- Redemittel der Vorstellung
- Redemittel der Begrüßung bei unterschiedlicher Vertrautheit

Lektion 2   Es wird Zeit für eine Pause.

Vom Alltag in den Beruf	Vorschläge – Argumente für und wider – Fehlentscheidungen ansprechen und korrigieren – Entscheidungen treffen	16–17
Im Beruf	Vorschläge zur Bewirtung am Messestand – Auf Vorschläge differenziert eingehen – Empfehlungen aussprechen	18–19
Magazin	Kommunikationspsychologie: gesagt, gemeint, (miss)verstanden	20
Grammatik und Übungsteil		21–25

- Konjunktiv II: Irrealis der Gegenwart und Vergangenheit (zusammenfassender Überblick)
- Wortbildung: *Fragerei, Esserei, ...*

Lektion 3   Reisen, Wohnen und Arbeiten in der EU

Vom Alltag in den Beruf	Visums- und Einreisebestimmungen nach Deutschland für private Besuche und für Aus- und Fortbildungsaufenthalte	26–27
Im Beruf	Einreisebestimmungen: Arbeits- und Aufenthaltsgenehmigung, Anmeldung am Wohnort ...	28–29
Magazin	Traumreisen: mit dem Raumschiff, mit dem Traumschiff, ins All, auf die Bahamas, in die Berge ...	30
Grammatik und Übungsteil		31–35

Anweisungen erteilen:
- *Sie müssen ... beantragen.*
- *Beantragen Sie.*
- *Sie sind verpflichtet, zu ...*
- *Man hat ... zu beantragen.*
Konjunktiv Gegenwart u. Vergangenheit (ohne/mit Modalverb)

Lektion 4   Günstiger geht nicht.

Vom Alltag in den Beruf	Auf dem Flohmarkt: Interesse zeigen, Einwände machen, sich einigen; Verkäuferregeln	36–37
Im Beruf	Auf der Messe: Angebotsschwerpunkte, Messegespräch – An welcher Messe wären Sie interessiert?	38–39
Magazin	Innovationen, die die Welt bewegen	40
Grammatik und Übungsteil		41–45

Begründung:
- Hauptsatz + Hauptsatz
- Hauptsatz + Nebensatz
- *wegen/trotz* + Genitiv
Erklärung: *nämlich, denn*
Konsequenz: *deshalb*

Lektion 5   So macht man das.

Vom Alltag in den Beruf	Einweisung: Wohnungsrenovierung: Werkzeuge, Material, Organisation und Ablauf	46–47
Im Beruf	Einweisung: Montage einer Solaranlage – Bestandteile, Organisation und Ablauf	48–49
Magazin	Das Handwerk, Handwerksberufe	50
Grammatik und Übungsteil		51–55

- Vermutungen äußern: *Das könnte/müsste/dürfte ... sein.*
- Ablauf, Regel, Anweisung: Passiv
ist ... zu + Infinitiv
Man muss ...
Der/Das/Die ... erfolgt ...
- Zweck: *damit*
- Wirkung, Folge: *sodass*

Inhalt

Lektion 6 — Vom Wunsch zum Ziel

Vom Alltag in den Beruf	Zielplanung: vom Wunsch zum Ziel – gute Vorsätze – Wünsche – Ziele	56–57
Im Beruf	Jahresziel Umsatz- und Gewinnsteigerung – volks- und betriebswirtschaftliche Wirkungsmechanismen	58–59
Magazin	Wachstum als Chance und Problem – Konsum als Verlockung	60
Grammatik und Übungsteil		61–65

Grammatik
- werden + Infinitiv („Futur")
- Eingeschobener Nebensatz
- Partizip Präsens: ...end_
- Verbal – Nominal
- Ursache – Wirkung

Lektion 7 — Sicher ist sicher.

Vom Alltag in den Beruf	Krankenversicherung: Versicherungskarte, Gebühren im Vergleich (Deutschland, Österreich, Schweiz)	66–67
Im Beruf	Gesetzliche Sozialversicherung in Deutschland – Und wie ist das bei Ihnen?	68–69
Magazin	Fehltage und Krankentage	70
Grammatik und Übungsteil		71–75

Grammatik
- Partizip I und II als Attribut: *die fehlenden Teile / die gefertigten Teile*
- Gegensätze *aber, dagegen, während*
- Unter welcher Bedingung: *wenn, bei, …*
- In welchem Fall: *falls*

Lektion 8 — Menschen im Gespräch

Vom Alltag in den Beruf	Gespräche: Anlass, Inhalt, Ort, Partner, Form – Konventionen, Hemmungen, Bedenken	76–77
Im Beruf	Gespräche: Anlass, Inhalt, Ort, Partner, Form – Zwischenfälle – informelle Mitteilungen im Betrieb – Klatsch und Tratsch	78–79
Magazin	Aufgeschlossenheit, Verschlossenheit – Stereotype – Kommunikationsstörungen	80
Grammatik und Übungsteil		81–85

Grammatik
- Substantivierte Adjektive und Partizipien
- Relativsätze: *dessen, deren*
- Nominalisierte Adjektive und Partizipien
- Erweitertes Partizipialattribut

Lektion 9 — Mitbestimmen. Mitwirken. Zusammenarbeiten.

Vom Alltag Beruf	In der Familie: Familienrat – Regeln des Zusammenlebens – Daten, Pläne, Termine, Normen einhalten	86–87
Im Beruf	Im Betrieb: Der Betriebsrat – Mitwirkung, Mitbestimmung, Arbeitnehmerrechte	88–89
Magazin	Regeln, Bestimmungen – und das Partizip	90
Grammatik und Übungsteil		91–95

Grammatik
- Attribute (Wie? Welche_? Was für ein_?)
- Adjektive
- (Erweitertes) Partizip I und II als Attribut
- Angaben
- Relativsatz

Lektion 10 — Wie hat es Ihnen gefallen?

Vom Alltag in den Beruf	Evaluieren, bewerten – Erwartungen und Befürchtungen – Stellungnahmen abgeben	96–97
Im Beruf	Erfüllung/Nichterfüllung von Erwartungen – Vertriebsstrategien/ Vertriebs(miss)erfolge – Wünsche/Anforderungen schriftlich	98–99
Magazin	Die Vereinfachung der „schweren" (?) deutschen Sprache	100
Grammatik und Übungsteil		101–105
Abschlusstest		106–111
Glossar		112–120

Grammatik
- Nebensätze am Satzanfang, im Satz, am Satzende
- Irrealis mit Modalverben: *Das hätte man anders machen müssen.*
- Funktionsverben
- ss und ß

Lektion 1 — Vom Alltag ...

Dr. Dagobert Lindner, genannt Dago, Daggy oder Dragoli

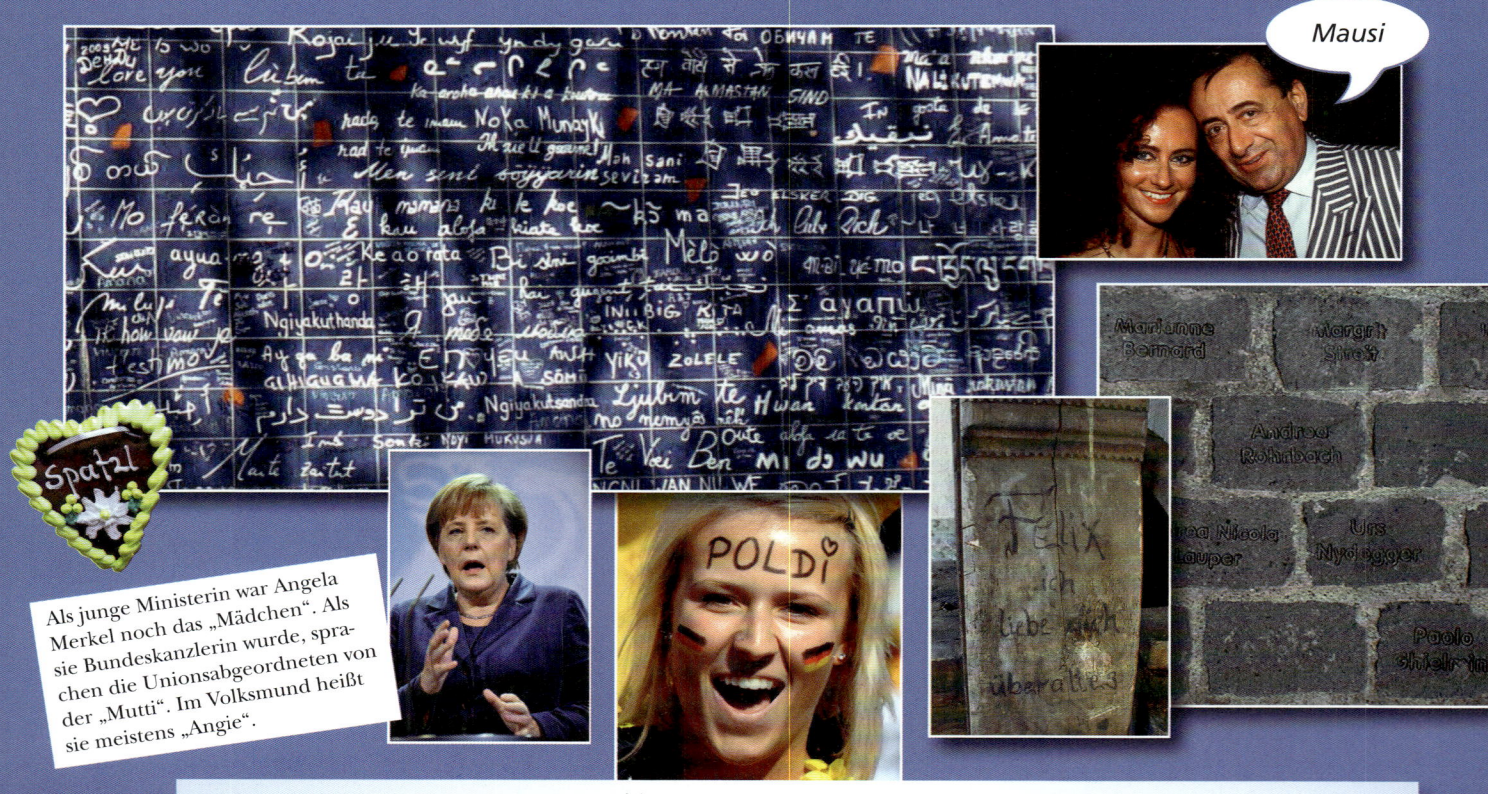

Als junge Ministerin war Angela Merkel noch das „Mädchen". Als sie Bundeskanzlerin wurde, sprachen die Unionsabgeordneten von der „Mutti". Im Volksmund heißt sie meistens „Angie".

Vornamen	Kosenamen	Titel
Kurznamen	Spitznamen	Kürzel

Dagobert | Elsbeta | Jim | Betty | Thea | Tini | Daggi | Dori | Gaugau | Doc | Dipl.-Ing. | Doktor | GF | Alexandra | Sandra | Lexi | Ronny | Micky | Else | Röschen | Bärli | Dragoli | Eminenz | Azubi | HP

1 Vor- und Familienname sind oft nicht alles.

S. 12 A

a) Fragen Sie Kursteilnehmer nach ihren Kurz-/Kose- und Spitznamen. Machen Sie sich Notizen. Lassen Sie sich die Namen buchstabieren, wenn es sein muss.

● Elsbeta, deinen Vornamen kenne ich. Aber gibt es dazu auch einen Kurznamen?
▲ Meine Eltern, Geschwister und Freunde nennen mich Betty.
● Und wie ist dein Kosename? Oder hast du keinen?
▲ Doch. Tini nennen sie mich, weil ich zu Hause die Jüngste war.
● Aber das ist doch eigenlich ein Spitzname.
▲ Ja, vielleicht. Aber ich habe noch einen anderen Spitznamen. Gaugau. Aber den verrate ich nur dir. Und die lange Geschichte dazu kann ich dir jetzt nicht erzählen.

b) Berichten Sie.

Das kann man ganz einfach so machen:

Elsbetas Kurzname lautet Betty. Ihr Kosename ist Tini. Ich darf euch eigentlich nicht sagen, dass ihr Spitzname Gaugau ist. Die lange Geschichte dazu hat sie mir noch nicht erzählt.

Oder (nicht ganz so einfach) so:

Ich weiß jetzt, dass Elsbetas Kurzname Betty ist und dass sie zu Hause den Kosenamen Tini hatte. Sie hat mir auch gesagt, dass ihr Spitzname Gaugau ist. Aber wie sie zu dem Spitznamen kam, das hat sie mir noch nicht gesagt.

S. 12 B

... in den Beruf

2   Mehr Namen als Leute

Welche Vornamen, Kurz- oder Kosenamen oder Spitznamen haben Sie gehört?

Familienname	Vorname	Kurzname/Kosename	Spitzname
Pineira	_____	_____	_____
Parker	_____	_____	_____

3   Bei Herrn Dr. Schäfer dauert es noch ein bisschen.

Herr Atzinger, ich komme etwas später. Ihr wisst ja, ich hatte noch einen Arzttermin. Aber ich bin sicher, um halb elf bin ich bei euch. Ich meine, ihr könntet ja schon mal anfangen. Ich hoffe, Herr Lüthi und Frau Stankowitsch sind bis dahin auch da.

Gr. S. 11, 1-2

a) Herr Hans-Peter Atzinger informiert Frau Pineira. Schreiben Sie in die Lücken.

Du, Lexi, der GF hat angerufen und gesagt, dass er etwas später _____. Du _____ ja, dass er noch einen Arzttermin _____. Er ist aber sicher, um halb elf bei uns zu _____. Er meint, dass wir schon mal _____ _____. Er hofft, dass Schoggi und Pam bis dahin auch da _____.

b) Schreiben Sie eine E-Mail an Ronald Parker.

Hallo Ronny, der Doc hat ausgerichtet, er komme _____. Er habe _____ gehabt. Aber er sei _____. Wir könnten anfangen. Er hoffe, _____ wären.

4   Der GF ist noch nicht da.

a) Tragen Sie Fa für „Familienname", Vo für „Vorname", K für „Kurzname" oder „Kosename", Sp für „Spitzname", Nk für „Namenskürzel", Fk für „Funktionskürzel" oder Ti für „Titel" ein.
Hören Sie sich dann den Dialog an, um Ihre Eintragungen zu überprüfen und eventuell zu korrigieren.

1 HP ____	5 Dr. ____	9 Atzinger ____	13 Schoggi ____	17 Pamela ____
2 GF ____	6 Michael ____	10 Azubi ____	14 Icke ____	18 Stankowitsch ____
3 Parker ____	7 Schäfer ____	11 Hans-Peter ____	15 Lexi ____	19 Urs ____
4 Doc ____	8 Bärli ____	12 Micky ____	16 Pineira ____	20 Lüthi ____

b) 1 Wo bleibt Herr Dr. Michael Schäfer?
2 Wie heißen der Doc und die anderen mit ihrem richtigen Namen?
3 Woher kennt HP den Kosenamen vom Doc?
4 Was lernen die Azubis am schnellsten?
5 Wie ist der offizielle Vorname von Micky?
6 Woher weiß Herr Atzinger, dass die fehlenden Leute bald kommen?

5   Kommen Sie ins Gespräch.

Stellen Sie sich einander vor. Berichten Sie einander über Ihren Familienstand und Ihren beruflichen Hintergrund. Machen Sie einander Angaben zu Ihrer Familie, zu eventuellen Kosenamen und Spitznamen. Bieten Sie das Du und eventuell einen Kurz- oder Kosenamen an.

LEKTION 1   7

Lektion 1   Im Beruf

*Frau Tobler, ich möchte Sie herzlich bei uns begrüßen. Schön, dass Sie da sind.
Und? Wie geht es Ihnen? Wie laufen die Geschäfte?
Wie war die Reise? Ist alles reibungslos verlaufen?
Ist das Wetter bei Ihnen auch so unfreundlich wie bei uns hier?
Wir würden Sie heute gern zum Mittagessen einladen. Geht das bei Ihnen?
Was kann ich Ihnen anbieten? Kaffee, ein Mineralwasser oder lieber einen Saft?*

6   Begrüßung und Empfang nach der BBR-WAW-Formel

Empfangen Sie Kunden/Geschäftspartner/Besucher ...	● Guten Tag, Frau ...	▲ ...
Begrüßen Sie sie.	Herzlich willkommen.	
Fragen Sie sie nach ihrem **B**efinden.	● Nun, wie geht es Ihnen?	▲ ...
Fragen Sie sie, wie die **R**eise war.	● Wie war die Reise?	▲ ...
Machen Sie ein bisschen Small Talk über das **W**etter.	● Schönes Wetter haben Sie mitgebracht.	▲ ...
Fragen Sie sie nach ihren Plänen für ihren **A**ufenthalt.	● Was haben Sie denn so alles vor?	▲ ...
Erkundigen Sie sich nach ihren **W**ünschen.	● Was darf ich Ihnen anbieten?	▲ ...

S. 14 H

7   Begrüßung

S. 14 I

Welche Äußerungen aus der BBR-WAW-Formel kommen sinngemäß in der Begrüßung vor?

Ich möchte **S**ie herzlich bei uns begrüßen.
Wir freuen uns sehr, dass Sie uns besuchen.
Schön, dass Sie den Weg zu uns gefunden haben.

Ist es bei Ihnen auch so ... wie bei uns hier?
Hier ist es ungewöhnlich ... für die Jahreszeit.
Na ja, man muss es nehmen, wie es kommt.

Wie geht es Ihnen?
Wie laufen die Geschäfte?
Wie geht es Herrn/Frau ...?
Was gibt es Neues bei Ihnen?
Haben Sie sich im Urlaub gut erholt?

Wir würden Sie heute Mittag/ Abend gern zum Essen einladen.
Haben Sie heute Abend schon etwas vor?
Sind Sie gut untergebracht?

Wie war die Reise?
Sind Sie mit ... gekommen?
War der/das/die ... pünktlich?
Ist alles reibungslos verlaufen?
Hat alles geklappt?

Was kann ich Ihnen anbieten?
Möchten Sie sich ein wenig frisch machen?
Wir möchten Ihnen die Zeit hier angenehm machen.
Haben Sie sonst noch Wünsche?

Im Beruf

8 Alles richtig?

a) Hören Sie noch einmal, wie Herr Tobler Frau Zinngraf empfangen hat. Korrigieren Sie, was in den beiden Berichten nicht richtig wiedergegeben ist.

Herr Tobler erzählt: Erst habe ich ein bisschen Small Talk mit Frau Zinngraf gemacht. Ich habe sie gefragt, wie es ihr geht. Sie sagte, es würde ihr gut gehen. Aber die Geschäfte würden ganz schlecht laufen. Ich habe sie gefragt, wie sie gekommen sei. Sie sagte, diesmal hätte sie ausnahmsweise das Auto genommen. Sie hat mir ungefragt und ziemlich umständlich erklärt, wie ihre Anreise war. Sie hat noch erwähnt, dass sie ein paar Tage länger bleiben würde, um Freunde zu besuchen. Natürlich wolle sie sich auch den Dom ganz gründlich ansehen. Dann habe ich sie zum Abendessen eingeladen. Ich sagte ihr, im KREUZ hätte ich einen Tisch für uns reserviert. Sie war ganz begeistert, als sie hörte, dass Herr Tomalla und Frau Betzinger auch kommen würden.

Frau Zinngraf erzählt: Nach der Begrüßung hat Herr Tobler mich gefragt, wie es mir und der Firma gehen würde. Ich habe gesagt, mir würde es gut gehen und die Anreise hätte sehr gut geklappt. Aber die Geschäfte könnten etwas besser laufen. So ganz nach Wunsch würden sie ja nie laufen. Bei dieser Gelegenheit ließ ich ihn auch wissen, dass ich einen Tag länger bleiben würde. Über seine Einladung zum Abendessen war ich nicht so begeistert, vor allem, als ich hörte, dass Frau Betzinger und Herr Tomalla auch dabei wären. Aber hinterher habe ich ihm gesagt, das sei ein sehr schöner Abend gewesen. Das war auch wirklich so.

b) Tragen Sie vor, was nicht stimmt.

Gr. S. 11, 1–2

Laut Herrn Tobler hat Frau Zinngraf gesagt, die Geschäfte würden ganz schlecht laufen. Das stimmt aber nicht. In Wirklichkeit hat sie gesagt, so ganz nach Wunsch würde es nie laufen.

S. 14 J

Laut Herrn Tobler hat Frau Zinngraf gesagt, sie würde ein paar Tage länger bleiben. Das stimmt aber nicht. Sie hat gesagt, sie würde einen Tag länger bleiben.

9 Begrüßung ist nicht gleich Begrüßung.

a) Wie würden Sie die folgenden Begrüßungen einstufen: Eher ...

- formell – informell?
- privat – geschäftlich?
- geplant – zufällig?
- förmlich – locker?
- herzlich – kühl?
- höflich – unhöflich?

Schön, dass ihr da seid. Kommt rein. | Im Namen von ETP möchte ich Sie bei uns herzlich willkommen heißen. | Tag. Was wollen Sie hier? | Es ist mir eine Freude, Sie bei uns zu begrüßen. | Guten Tag, bitte nehmen Sie Platz. Also, es geht um ... | Guten Tag. Mit Ihnen hatten wir aber nicht mehr gerechnet. | Guten Tag, was kann ich für Sie tun? | Guten Tag, Frau Drechsler. Schön, dass ich Sie mal wieder treffe. | Also erst mal guten Tag an alle. Und schon sind wir mitten in der Arbeit. | Mensch, da seid ihr ja! Das ist aber eine angenehme Überraschung. | Ich freue mich, dass Sie so zahlreich erschienen sind, und begrüße Sie sehr herzlich.

S. 15 K

b) Zu dritt: Zwei begrüßen einander. Ein Dritter hört zu und stuft die Begrüßung ein.

Die Begrüßung, die ich gehört habe, war ... und trotzdem (nicht) ...
Wie seht ihr das / sehen Sie das?

S. 15 L

10 Begrüßung mit Small Talk

Begrüßen Sie einander bei verschiedenen Gelegenheiten:
auf der Messe | in der Firma | auf der Straße | im Zug | ...

LEKTION 1

Lektion 1   Magazin

11 Herr Klee muss nach Zürich.

MTB | BMW | Zug | Klee | o.k. | ICE | VW | Lkw

Schreiben Sie die Gedichtzeilen zu Ende.

„Wie komme ich hin?", fragt sich Herr _____.
„Natürlich nicht im _____.
Zu weit ist's mit dem _____."
Er nimmt es nicht. Sein _____
Wär' schön und gut. Doch der _____
Von seiner Frau wär' auch _____.
Am schnellsten ist der _____.
Herr Klee sagt sich – und das ist klug –:
„Ich fahre einfach mit dem _____."

Herr Klee überlegt sich, wie man am besten nach Zürich kommt. Mit dem Lastwagen wäre es nicht bequem genug. Außerdem hat er keinen. Er fährt zwar gern und sehr gut auf seinem Mountainbike. Aber bis nach Zürich mit dem Mountainbike, das ist sogar für ihn zu weit. Er hat zwar ein schnelles Auto, gewiss. Aber er könnte den Volkswagen von seiner Frau nehmen. Der ist auch in Ordnung. Mit dem Zug würde es natürlich am schnellsten gehen.

S. 15 M

12 Erstinformation für den neuen Azubi

Lesen Sie die Notiz über Herrn Boll.
Zu Ihrer Hilfe gibt es einen Hörtext.

Dipl.-Ing. Boll von der QS der Metalonorm GmbH & Co. KG brauchte bei -4° C 1/4 Std. für die 6 km zum Hbf. mit seinem Kfz, einem VW. Er nahm mfG an GF, AL, die EDV, das CAD usw. den ICE nach HB.

13 Was ist ES ?

Der Erste sagte, wer ES sehen würde, der sei blind. Der Zweite sagte, wer ES hören würde, der sei taub. Der Dritte sagte, wer ES sagen könnte, der sei stumm. Der Vierte sagte, wer ES essen würde, der würde verhungern. Der Fünfte sagte, wer ES trinken würde, der würde verdursten. Der Sechste sagte, wer ES wüsste, der sei dumm. Der Siebte sagte, wer ES hätte, der sei arm oder sehr gesund. Der Achte sagte, wer ES wollte, der sei bescheiden. Der Neunte sagte, wer ES machen würde, der sei faul. Da kam der Zehnte und sagte, er hätte ES verdient und er hätte ES auch bekommen. Er hätte ES gefordert und man hätte ES ihm gegeben. Er hätte ES gewollt und jetzt hätte er ES auch. Da wunderten sich die ersten neun und fragen den Zehnten, was für ein wunderbares ES er besitzen würde. Der Zehnte sagte, er hätte das gleiche ES wie sie. Da wussten sie Bescheid.

Wissen Sie auch Bescheid? Lesen Sie den Text mit dem Lösungswort. Achten Sie dabei auf die Wortstellung.

Das Lösungswort ist: *nichts*

10   LEKTION 1

Grammatik

1 Die indirekte Rede

	sein	haben	müssen, können, dürfen, wollen, sollen, werden, wissen
ich	sei/wäre	hätte	müss(t)e, könn(t)e, dürf(t)e, soll(t)e, wisse/wüsste ...
du	sei(e)st wär(e)st/	hättest	müsstest, könntest, dürftest, wolltest, solltest, würdest, wüsstest
er/sie	sei/wäre	habe/hätte	müss(t)e, könn(t)e, dürf(t)e, woll(t)e, wisse/wüsste ...
wir/sie/Sie	seien/wären	hätten	müssten, könnten, dürften, würden, wüssten, sollten ...
ihr	wär(e)t	hättet	könntet, dürftet, müsstet, wolltet, solltet, würdet, wüsstet

ich/er/sie	alle anderen Verben, z.B. nehmen, kommen, arbeiten, anrufen, schreiben ...	würde + Infinitiv
du		würdest + Infinitiv
wir/sie/Sie		würden + Infinitiv
ihr		würdet + Infinitiv

Das hört und liest man auch: Ich denke / habe gedacht / dachte, das **gäbe** es nicht.
Er sagt / hat gesagt / sagte, das **käme** nicht infrage.
Er schreibt / hat geschrieben / schrieb, so **ginge** es auch.

2 Textwiedergabe: mit Hauptsatz, mit *dass*-Satz, in der Form der indirekten Rede

Er schreibt / sagt / meint / hat geschrieben / hat gesagt / hat gemeint,

das ist unmöglich, das geht so nicht, das muss man anders machen, das haben die anderen auch gesagt.	dass das unmöglich ist (**sei**), dass das so nicht geht (**gehen würde** / **ginge**), dass man das anders machen muss (**müss(t)e**), dass das die anderen auch gesagt haben (**hätten**).	das **sei** unmöglich, das **würde** so nicht gehen (**ginge** so nicht), das **müss(t)e** man anders machen. das **hätten** die anderen auch gesagt.

Wichtige Wörter und Wendungen

sich vorstellen

Sagen Sie es so nicht (auch nicht, wenn Sie es von Deutschen so hören):
Ich bin Theo. (Anglizismus)
Ich bin der Theo. (familiär, regional)
Ich bin Theo Meier. (Anglizismus)
Ich bin der Theo Meier. (familiär, regional)
Ich heiße Frau Meier. (unüblich)
Ich bin ein Ingenieur. (Anglizismus)

Sagen Sie stattdessen:

Ich heiße Theo. / Ich heiße Theo mit Vornamen. / Mein Vorname ist Theo.

Ich heiße Theo Meier. / Mein Name ist Theo Meier.

Ich bin Ingenieur (von Beruf).

Begrüßungen

familiär	Schön, dass ihr da seid. Kommt rein.
	Mensch, da seid ihr ja! Das ist aber eine angenehme Überraschung.
geschäftlich (herzlich)	Guten Tag, Frau Drechsler. Schön, dass ich Sie mal wieder treffe.
geschäftlich (formell)	Es ist mir eine Freude, Sie bei uns zu begrüßen.
locker, einfach	Ach, Sie sind auch da? Tag. Was ist denn los?
sachlich	Guten Tag, bitte nehmen Sie Platz. Also, es geht um ...
	Guten Tag, was kann ich für Sie tun?
sachlich, dynamisch	Also erst mal guten Tag an alle. Und schon sind wir mitten in der Arbeit.
	Ich freue mich, dass Sie so zahlreich erschienen sind, und begrüße Sie sehr herzlich.
förmlich, korrekt	Im Namen von ETP möchte ich Sie bei uns herzlich willkommen heißen.

Lektion 1   Übungen

A Was für Namen sind das?

Tragen Sie ein: F (für Familienname), V (für Vorname), K (für Kurz-/Kosename), S (für Spitzname).

F	1 Schmidt		8 Trine		15 Elisabeth		22 Schoggi
V	2 Gertraude		9 Antri		16 Wilhelm		23 Berthold
S	3 Pudding		10 Mick		17 Topsi		24 William
K	4 Schatzi		11 Reisinger		18 Mucki		25 Hansi
	5 Lissi		12 Lobesam		19 Locke		26 Boppi
	6 Willi		13 Johannes		20 Traudl		27 Michael
	7 Micky		14 Jo		21 Doc		28 Katharina

B Ähnliche Wörter muss man gut unterscheiden.

Tragen Sie die passenden Kontexte ein.

das Aussehen | seine Zustimmung | etwas ganz nebenbei | nichts | den Unfallhergang | Französisch | Unsinn | Befürchtungen | Einzelheiten | den genauen Ablauf | zu laut | die Bedingungen | den ganzen Tag | eine Geschichte | die Wahrheit | die Natur | Gerüchte | seine Meinung | die Angelegenheit

1 nennen: _____
2 sagen: _____
3 sprechen: _____
4 reden: _____
5 besprechen: _____

6 erzählen: _____
7 erwähnen: _____
8 schildern: _____
9 beschreiben: _____
10 äußern: _____

C Satzmelodie: *Ich höre Stimmen.*

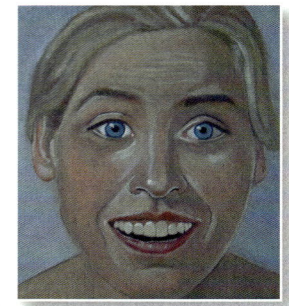

a) Machen Sie bis zu drei Kreuze. Ist die Person …
b) Lesen Sie laut und mit der passenden Melodie.

Oh! Ich höre Stimmen.
Oh! Ich höre Stimmen. Da kommt jemand.
Oh! Ich höre Stimmen. Da kommt jemand. Es sind, glaube ich, Kunden.

c) Hören Sie zu. Sprechen Sie noch nicht.
d) Sprechen Sie nach.

☐ ungeduldig?
☐ überrascht?
☐ traurig?
☐ neugierig?
☐ zufrieden?
☐ wütend?
☐ froh?
☐ besorgt?

AB 1
AB 2

D Angelika kommt nicht.

Tragen Sie die Konjunktivformen ein.   hätte | sei | sei | würde | würde | könne | müsse

Angelika hat angerufen und gesagt, sie _____ nicht kommen. Sie _____ krank.

Sie _____ im Bett bleiben. Sie _____ Fieber. Es _____ sehr schlimm.

Sie _____ sich Sorgen machen. Jemand _____ sie aber besuchen.

Gr. S. 11, 1–2

E Hören und sprechen

AB 3–4

a) ● Angelika hat angerufen und gesagt, sie könne nicht kommen.
▲ Was? Sie kommt nicht?

b) ● Kommt Angelika nicht?
▲ Sie hat gesagt, sie könne nicht kommen.

Übungen

F Du und Sie

Suchen Sie im Text Antworten auf die Fragen a) bis f).

a) Wie kommt es, dass ein 60-Jähriger einen 30-Jährigen duzt und dieser ihn eventuell siezt?
b) Wo kann es vorkommen, dass Vorgesetzte ihre Mitarbeiter duzen, obwohl diese sie siezen?
c) Wie kam man früher vom Du zum Sie?
d) Was ist das „Hamburger Sie"?
e) Welche Bedeutung hat das „ihr" im süddeutschen Sprachraum?
f) Was ist zu empfehlen?
- Deutsche bei ihrem Kose- oder Spitznamen zu rufen?
- Deutschen das Du anzubieten?
- Duzen und Siezen zum Gesprächsthema zu machen?
- Das angebotene Du abzulehnen?
- Besser zu lange zu siezen als zu früh zu duzen?
- Einfach „du" zu sagen?

Bis vor etwa 50 Jahren gab es klare Regeln: Erwachsene siezten sich. Sie duzten Jugendliche bis etwa 16 Jahre, und diese siezten sie. Es kam häufig vor – und ist auch heute oft noch so –, dass ein 60-Jähriger einen 30-Jährigen duzte und dieser ihn siezte, weil er ihn schon kannte, als er noch im Kinderwagen lag. Sie sind einfach dabei geblieben. Nachbarn und Kollegen im Büro siezten sich ein Leben lang. Auf dem Bau und in der Werkhalle duzten sich die Arbeitskollegen und siezten ihre Vorgesetzten, auch wenn diese sie – vor allem in kleineren, familiären Betrieben – duzten.

Wenn man vom Sie zum Du übergehen wollte, dann wartete der Ältere auf eine passende Gelegenheit, um dem Jüngeren das Du anzubieten. Oft standen beide von ihren Stühlen auf, erhoben das Glas – es musste Wein sein, Bier wäre stillos gewesen – und tranken einander zu. Diese Förmlichkeiten gibt es immer weniger. Das Duzen hat zugenommen. Die Regeln sind komplizierter geworden. Nachbarn und Arbeitskollegen kommen leichter zum Du. In Banken und Büros gibt es vor allem in Norddeutschland das sogenannte Hamburger Sie (Vorname + Sie). In Süddeutschland, in der Schweiz und in Österreich wird „ihr" als vertrauliche Höflichkeitsform verwendet, auch wenn man im Singular „Sie" sagen würde. Das macht alles noch komplizierter.

Als Ausländer kann man nichts falsch machen, wenn man
- mit dem Duzen wartet, bis die Deutschen damit anfangen.
- besser siezt, wenn Duzen möglich gewesen wäre, als dass man duzt, wenn Siezen richtig gewesen wäre.
- einen Deutschen fragt, wie man es machen soll.
- vorsichtshalber mit Kurz- und Kosenamen wartet, bis der andere sie anbietet.
- auf Spitznamen ganz verzichtet.

G Ausbildungsberufe

a) Verbinden Sie die markierten Textteile mit *ist* oder *sind* und tragen Sie den Text so vor.

Bei der **Gastronomie** handelt es sich um die **größte Dienstleistungsbranche in den Ländern der EU**. Die **Ausbildungsberufe** in der Gastronomie umfassen sehr unterschiedliche Tätigkeitsbilder, die durch vier Berufsrichtungen abgedeckt werden. **Koch/Köchin, Restaurantfachfrau/-fachmann, Fachkraft im Gastgewerbe und Fachfrau/-mann für Systemgastronomie**. Die **Ausbildungsdauer** erstreckt sich in der Regel über **drei Jahre**. Für die **Fachkraft im Gastgewerbe** beträgt sie jedoch nur **zwei Jahre**. Die gastronomischen **Ausbildungsinhalte der Köchin / des Kochs** umfassen im Wesentlichen die Bereiche **Zubereitung von Speisen, Umgang mit Nahrungsmitteln und Präsentation von gastronomischen Angeboten**. Zu den **Aufgaben des Restaurantfachmanns/der Restaurantfachfrau** gehören **das Decken der Tische, das Servieren, das Bedienen und die Mitwirkung bei gastronomischen Veranstaltungen**. Zu den **Aufgaben der Fachkraft im Gastgewerbe**, die als das „Mädchen für alles" eingesetzt wird, zählen **alle einfachen Tätigkeiten in der Küche und im Gastraum**. **Die Verantwortlichkeit der Fachfrau/des Fachmanns für Systemgastronomie** umfasst in systemgastronomischen Betrieben, wie die Berufsbezeichnung schon ausdrückt, die **Einhaltung der Standards, des Erscheinungsbildes und der Organisationsform**.

b) Machen Sie aus dem nebenstehenden Text einen „anspruchsvollen" schriftlichen Text oder einen „Fach"vortrag. Verwenden Sie dabei die Formulierungen des Textes „Gastronomie".

Die *Gebäudereinigung* ist ein rasch wachsender Wirtschaftszweig. Die Ausbildungsberufe in der Gebäudereinigung haben ein einheitliches Tätigkeitsbild mit vielen Spezialisierungsmöglichkeiten. Die Ausbildungsdauer ist drei Jahre. Der Gebäudereiniger / die Gebäudereinigerin pflegt und reinigt private Wohnungen, Mietobjekte, Werkhallen, Krankenhäuser, Altenheime und vieles andere mehr.

Bei der Gebäudereinigung handelt es sich um einen ...

Lektion 1   Übungen

H Hat er oder hat er nicht? Schreiben Sie wie im Beispiel.

● *Hat er Sie zum Essen eingeladen?*
▲ *Ich glaube, er wollte mich zum Essen einladen. Er hat auch gesagt, er würde mich zum Essen einladen. Aber dann hat er mich doch nicht eingeladen.*

a) ● *Hat sie Sie angerufen?*
   ▲ Ich glaube, ...
b) ● *Hat man Ihnen etwas zu trinken angeboten?*
   ▲ Ich glaube, ...
c) ● *Haben Ihre Gastgeber für Sie ein Zimmer bestellt?*
   ▲ Ich glaube, ...
d) ● *Ist Frau Müller bis zum Schluss dabeigeblieben?*
   ▲ Ich glaube, ...

I Hören und sprechen   ● *Laufen die Geschäfte gut?*
                              ▲ *Sie könnten besser laufen.*

J „Fachtexte" schreiben, kinderleicht!

a) Machen Sie aus dem Schema einen Text.

	A	B	C
A unterscheidet sich von B durch C	Systemgastronomie	klassische Gastronomie	konsequente Standardisierung
A umfasst B	systemgastronomische Zentrale	zahlreiche selbstständige Filialbetriebe	
A erreicht B durch C	systemgastronomische Unternehmen bzw. Konzerne	Standardisierung	Vereinheitlichung - der Arbeitsabläufe - des Angebots - des Erscheinungsbildes
A stellt B dar mit (den Merkmalen) C	Fast-Food-Gastronomie	Segment der Systemgastronomie	- Verkaufstheken-Service - schnelle Bedienung - kurze Verweildauer des Gastes

Die Systemgastronomie unterscheidet sich von der klassischen Gastronomie durch ...

b) Lesen Sie das unten stehende Gespräch und das Text-Schema oben. Welche Aussagen im Gespräch beziehen sich auf das Schema?

● *Also, wohin gehen wir?*
▲ *Ich schlage den Burger King um die Ecke vor.*
● *Ich hätte Sie eigentlich gern in ein richtiges Restaurant eingeladen.*
▲ *Ja, vielen Dank. Aber das machen wir vielleicht bei einer anderen Gelegenheit. Heute haben wir nicht so viel Zeit. Und außerdem, in einem Restaurant, da weiß man nie so recht, was auf den Teller kommt.*
● *Na ja, bei Burger King, da weiß man, was man kriegt, und natürlich auch, was man nicht kriegt, weltweit. Bei denen geht's an der Theke wirklich flott. Nach maximal fünf Minuten hat man sein Essen. Die Bedienung dort ist flink und immer freundlich. Und in einer Viertelstunde ist die Sache erledigt.*
▲ *Also, nichts wie hin!*

14 LEKTION 1

Übungen

K Einer muss es machen.

Machen Sie einen Rundlauf.

- Herr Topic — *Frau Karlow, ich meine, man sollte die Leute zum Essen begleiten. Es wäre schön, wenn Sie das machen könnten.*
- Frau Karlow — *Herr Quast, Herr Topic ist der Meinung, dass man die Leute zum Essen begleiten sollte. Wäre das nicht eine Aufgabe für Sie?*
- Herr Quast — *Frau Lamm, Frau Karlow hält es für nötig, unsere Gäste zum Essen zu begleiten. Könnten Sie das übernehmen?*
- Frau Lamm — *Herr Kharimi, Herr Quast hat mich darauf aufmerksam gemacht, dass die Leute zum Essen begleitet werden sollten. Würden Sie sie bitte begleiten?*
- Herr Kharimi — *Herr Topic, Frau Lamm meint, es wäre höflich, die Gäste zum Essen zu begleiten. Wären Sie so nett?*

Weiter so:
die Gäste durch den Betrieb führen – die Messebesucher intensiver betreuen – …

Gr. S. 11, 1–2

L Gesprächsthema: Begrüßung und Vorstellung

- Entschuldigung, wie war Ihr Name?
- Was kann ich für Sie tun?
- Was führt Sie zu uns?
- …

- Frau Beltran holt Sie ab.
- Frau Beltran telefoniert gerade.
- Frau Beltran bittet Sie um fünf Minuten Geduld.
- …

- Schönes Wetter haben Sie mitgebracht.
- Vielleicht möchten Sie ablegen.
- Haben Sie einen freien Besucherparkplatz gefunden?
- …

Hören Sie sich den Musterdialog an. Sprechen Sie zu zweit oder schreiben Sie Dialoge wie im Beispiel.

● *Guten Tag. Mein Name ist Smirnow von der Firma Petrolub.*
■ *Guten Tag, Herr Smirnow. Was führt Sie zu uns?*
● *Ich habe einen Termin mit Frau Beltran.*
■ *Einen Moment bitte. Frau Beltran kommt gleich.*
● *Vielen Dank.*
■ *Wie war die Anreise, Herr Smirnow?*
● *Danke, es ging ganz gut.*
■ *Möchten Sie sich etwas frisch machen? Dahinten sind die Toiletten.*
● *Oh ja, ich bin gleich zurück.*

- Hier ist meine Karte.
- Ich komme wegen …
- Ich komme zu der heutigen Präsentation.
- …

- der Zug war ziemlich besetzt.
- die Autobahn war frei.
- ich bin froh, dass ich es pünktlich geschafft habe.
- …

- nett, dass Sie daran gedacht haben.
- gute Idee. Vielen Dank.
- so viel Zeit muss sein.
- nach der langen Fahrt …
- …

M SMS-Kürzel

Ordnen Sie zu.

A	HDL	1	Gute Nacht.	H	8ung	8	Brauchst du Hilfe?
B	HGW	2	Bis bald.	I	bb	9	Ich habe dich lieb.
C	kA	3	Ich komme um 6 Uhr.	J	bidunowa?	10	Viel Vergnügen!
D	LG	4	Herzlichen Glückwunsch!	K	gn8	11	Liebe Grüße!
E	ko20mispä	5	Bist du noch wach?	L	Q6	12	Achtung!
F	ILD	6	Keine Ahnung.	M	braduhi?	13	Ich komme 20 Minuten später.
G	kobawi	7	Komm bald wieder.	N	ff	14	Ich liebe dich.

LEKTION 1

Lektion 2   Vom Alltag ...

Es wird Zeit für eine Pause.

Da geht es schnell.   Da ist es um die Zeit sehr voll.
Da ist es preiswert.   Da gibt es ja nur Fertiggerichte.
Da schmeckt es gut.   Da kann man ja nicht einmal richtig sitzen.
Da kommt man gleich dran.   Die viele Lauferei kostet einen nur Zeit.
Da braucht man nicht zu warten. Da schmeckt alles gleich.
Die Bedienung ist immer nett zu einem. Dauernd diese Esserei!
Die haben warme Küche rund um die Uhr. Da wird man wenigstens satt.

1 **Wie wär's mit einer Pause?**

S. 22 A   Sprechen Sie in Zweiergruppen.

● Ich schlage vor, wir gehen ins Restaurant.   Das ist ...
Warum gehen wir nicht in eine Metzgerei und kaufen uns etwas?   Da kann man ungestört ...
Wir könnten doch mal in eine Pizzeria gehen.   Das geht am ...
Oder wir lassen uns etwas vom Pizza-Service bringen.   Da schmeckt es ...
Was haltet ihr von dem Imbiss-Stand neben dem Parkplatz?   Da braucht man nicht ...
Ach Leute, wir machen uns schnell etwas in der Kochecke.   Da sparen wir uns ...
▲ Ja, aber ...

2 **Ich falle gleich um vor Hunger.**

S. 22 B
a) Was könnte man essen? Welche Vorschläge haben Sie zu dieser Frage gehört?
b) Welches Argument gegen eine Pause haben Sie gehört?
c) Wo könnte man essen? Welche Vorschläge haben Sie zu dieser Frage gehört?
d) Welche Argumente für die vorgeschlagenen Essensmöglichkeiten haben Sie gehört?
e) Welche Argumente gegen die vorgeschlagenen Essensmöglichkeiten haben Sie gehört?
f) Selim sagt: „Da gibt es nämlich höchstens sechs Stühle, von denen immer sieben besetzt sind."
S. 22 C   Was will er damit sagen?

Gr. S. 21, 3

16   LEKTION 2

… in den Beruf

3 Anders wäre es besser gewesen.

a) Wann sagen die Leute das: vor, während oder nach der Pause?

1 Wenn wir ins Restaurant gegangen wären, hätten wir gemütlich sitzen können.
2 Wenn wir den Pizza-Service genommen hätten, müssten wir diese Brötchen jetzt nicht belegen.
3 Wenn wir auf die Esserei verzichten würden, wären wir früher mit unserer Arbeit fertig.
4 Wenn wir in die Pizzeria gegangen wären, hätten wir besser gegessen.
5 Wenn wir in ein Schnellrestaurant gehen würden, würden wir Zeit und Geld sparen.
6 Wenn wir am Imbiss-Stand gegessen hätten, hätten wir Bewegung an der frischen Luft gehabt.
7 Wenn wir uns etwas in der Kochecke gemacht hätten, müssten wir jetzt nicht auf das Essen warten.

b) Wo könnten die Leute sein, während sie das sagen?

Gr. S. 21, 1–2

c) Sprechen Sie und schreiben Sie.

1 Wenn die Leute ins Restaurant gegangen wären, wäre es teuer geworden.

   Wenn sie aber am Imbiss-Stand gegessen hätten …

2 Wenn sie am Imbiss-Stand gegessen hätten, hätten sie beim Essen stehen müssen.

   Wenn sie aber in die Pizzeria gegangen wären …

3 Wenn sie in die Pizzeria gegangen wären, hätten sie das Haus verlassen müssen.

   Wenn sie sich aber etwas in der Kochecke gemacht hätten …

4 Wenn sie sich etwas in der Kochecke gemacht hätten, hätte die ganze Aktion ziemlich gedauert.

   Wenn sie aber in ein Schnellrestaurant gegangen wären …

4 Entscheiden Sie sich …

a) … für ein Angebot aus der Speisekarte und begründen Sie Ihre Entscheidung.

Französische Zwiebelsuppe mit Käsecroutons	€ 3,80
Heinsberger Kartoffelsuppe „Bauernart" mit Hackfleisch, Lauch und Zwiebeln	€ 3,70
Bauernsteak mit Champignons, Zwiebeln und Speck, dazu Bratkartoffeln und Gemüse	€ 12,90
Regenbogenforelle in Mandelbutter mit Salzkartoffeln und Salatteller	€ 13,80
Gemüsegratin mit Sauce Hollandaise und Käse überbacken, dazu Salzkartoffeln	€ 6,50
Folienkartoffeln mit Kräuterquark und Salat	€ 5,90
Gefüllte Crêpes mit Vanilleeis an Früchten	€ 5,80

b) Empfehlen Sie Angebote aus dieser Speisekarte und begründen Sie Ihre Empfehlung.

c) Lassen Sie sich von einem anderen Kursteilnehmer sagen, was er warum gegessen hat. Welche anderen Möglichkeiten hätte es gegeben?

● Ich habe eine Bratwurst gegessen und zum Nachtisch ein Eis mit Sahne, weil …
▲ Wenn du vegetarisch gegessen hättest, wäre das Essen leichter gewesen.
  Wenn du den Nachtisch weggelassen hättest, hättest du ein paar Euro gespart.
  Du hättest mehr vom Essen gehabt, wenn du als Vorspeise eine Suppe bestellt hättest.

LEKTION 2

Lektion 2 — Im Beruf

- Darf ich Ihnen etwas zu essen oder zu trinken anbieten?
▲ Vielen Dank, aber im Moment nicht.
  Vielen Dank, aber das ist doch nicht nötig.
  Vielleicht einen Kaffee, wenn das keine Mühe macht.

- Darf ich Sie zu einem Imbiss einladen?
▲ Oh ja, gern. Vielen Dank.
  Vielleicht später, vielen Dank.
  Das ist nett von Ihnen. Ein anderes Mal nehme ich die Einladung gern an. Aber heute ...

- Was darf ich Ihnen anbieten?
▲ Im Moment nichts. Vielen Dank.
  Vielleicht einen/ein/eine ... Aber ich möchte Ihnen keine Umstände machen.

5 Bewirtung und Einladung am Messestand

Zu zweit: Der eine lädt den „Messebesucher" zu einem Imbiss, zu einer Erfrischung, zu einem Essen ein. Der „Messebesucher" nimmt das Angebot dankend oder zögernd an oder lehnt es dankend mit oder ohne Begründung ab.

6 Darf ich Ihnen etwas anbieten? Darf ich Sie einladen?

Hören Sie sich die sechs Einladungen am Messestand an und entscheiden Sie:

a) Wozu wird eingeladen?
- Zu einem Getränk am Messestand.
- Zu einem Imbiss am Messestand.
- Zu einem Würstchen am Imbiss-Stand.
- Zum Essen in einem Restaurant.

b) Wie reagiert der oder die Eingeladene?
- Er lehnt ohne Begründung ab.
- Er lehnt mit Begründung ab.
- Er lehnt ab und macht einen Gegenvorschlag.
- Er nimmt ohne Begründung an.

c) Notieren Sie die Redemittel, die in den sechs Einladungen vorkommen.

Wie wär's mit dem netten Imbiss-Stand?

Darf ich Ihnen etwas zu trinken anbieten?

Im Beruf

7 Das kann ich Ihnen sehr empfehlen.

Begründen Sie einem Geschäftspartner, warum Sie ihn nicht an einen Imbiss-Stand und nicht in ein Schnellrestaurant einladen möchten, sondern lieber in ein richtiges Restaurant.

Da sitzt man schön. | Da ist immer Platz. | Da kocht der Chef. | Da sind wir ungestört. | ...

8 Schade ...

Sagen Sie, wie es jetzt ist, und wie es um 12 Uhr gewesen wäre.

Gr. S. 21, 1–2

Jetzt ... ist es leider voll | sind die besten Plätze besetzt | ist der Rinderbraten aus | dauert es lange | ist der Ober sehr beschäftigt | ist es laut | bekommt man kaum einen Platz | sitzt man unbequem

Um 12 Uhr wäre/hätte ...

Jetzt ist es leider voll. Um 12 Uhr wäre es fast leer gewesen.
Jetzt ist der Ober sehr beschäftigt. Um 12 Uhr hätte er nicht so viel zu tun gehabt.

9 Überlegen – empfehlen – begründen – entscheiden

Welche der Äußerungen haben Sie sinngemäß im Gespräch gehört?

überlegen:
- Suchen Sie etwas für den kleinen oder für den großen Hunger?
- Was möchten Sie: Fisch oder Fleisch? Oder möchten Sie vegetarisch essen?
- Wie wäre es mit einer Suppe oder einem Salat?

empfehlen	begründen	entscheiden
• Ich kann Ihnen ... sehr empfehlen.	• Da wird man richtig satt.	• Ich glaube, ich nehme (auch) ...
• Wie wär's denn mit ...?	• Das ist leicht.	• Ich probiere mal ...
• Hätten Sie nicht mal Lust auf ...?	• Das ist eine Spezialität von hier.	• Hm, ... hört sich gut an.
	• Das hat mir neulich so gut geschmeckt.	• Ich hätte mal Lust auf ...
	• So etwas bekommt man nicht alle Tage.	

10 Mal sehen, was wir nehmen.

Helfen Sie einem Partner bei der Bestellung im Restaurant: Überlegen Sie (laut), empfehlen Sie, begründen Sie Ihre Empfehlung, lassen Sie ihn entscheiden.

LEKTION 2

Lektion 2 — Magazin

11 **Die Sache mit den vier Ohren**

S. 25 L

a) In Zweiergruppen: Versuchen Sie, das Modell vor dem Hintergrund von Übung L zu verstehen.

Ich-Du-Aussage: Ich höre, was in dir vorgeht und was mit dir los ist.

Sachverhalt: Ich höre, was los ist und um was es geht.

Beziehung: Ich höre, wie du mich findest und was du von mir denkst.

Appell: Ich höre, was ich tun soll und was du von mir willst.

b) Tragen Sie Ihre Interpretation vor.

c) Ordnen Sie die vier Reaktionen dem Modell zu.

- ● *Der Fotokopierer ist schon wieder kaputt.*
  - ▲ Was sollen denn diese Vorwürfe? Ich war es nicht!
  - ■ Nach der Mittagspause sehe ich ihn mir an.
  - ✳ Aber Frau Ziegler, das ist doch kein Grund zur Aufregung.
  - ▶ Wir müssen den Kundendienst fragen, warum der so oft kaputtgeht und was wir tun sollen.

12 **Was tun, ...**

a) ... wenn der Empfänger auf der *Beziehungs*-Ebene ist?
Sagen Sie ruhig und herzlich, dass Ihre Äußerung nicht persönlich gemeint war. Geben Sie ihm ein Zeichen für Ihr gutes Verhältnis (Kaffee anbieten). Laden Sie den Empfänger dazu ein, gemeinsam mit Ihnen den Grund und eine Lösung zu finden.

b) ... wenn der Empfänger auf der **Appell**-Ebene ist?
Danken Sie dem Empfänger für seinen Einsatzwillen. Interpretieren Sie sein Angebot als Bereitschaft, sich an der Suche nach einem Grund und nach einer Lösung zu beteiligen.

c) ... wenn der Empfänger eine *Ich-Du-Aussage* vermutet?
Drücken Sie Verständnis für seine Reaktion aus, auch wenn sie in der Sache nicht weiterführt. Sagen Sie, dass im Moment die Suche nach dem Grund und nach der Lösung am wichtigsten ist.

d) ... wenn sich der Empfänger auf der **Sachebene** befindet?
Na, wunderbar! Diesen Empfänger können Sie für die Suche nach dem Grund und nach der Lösung gut gebrauchen.

Bringen Sie die vier Reaktionen im Fallbeispiel von Übung 11 c) zu einem guten Ende.

 13 **Der Chef hat wörtlich gesagt, ...**

S. 25 M

Was hat der Chef wörtlich gesagt? Was wollte er ausdrücken? Wie haben es die Mitarbeiter verstanden? Wer hat etwas Falsches gesagt oder gemacht?

Grammatik

1 Die Formen des Konjunktivs II (Irrealis der Gegenwart)

Sie **hätten** fragen **müssen**. Wenn Sie **gefragt hätten**, **hätte** man Ihnen auch eine Antwort **gegeben**. Dann **wäre** das alles nicht passiert.

	sein	haben	können	müssen	dürfen	sollen	wollen	werden	wissen
ich/er/sie	wäre	hätte	könnte	müsste	dürfte	sollte	wollte	würde	wüsste
du	wär(e)st	hättest	könntest	müsstest	dürftest	solltest	wolltest	würdest	wüsstest
wir/sie/Sie	wären	hätten	könnten	müssten	dürften	sollten	wollten	würden	wüssten
ihr	wär(e)t	hättet	könntet	müsstet	dürftet	solltet	wolltet	würdet	wüsstet

ich/er/sie	würde	gehen	fragen	kommen		Das hört und liest man oft:
du	würdest	anrufen	einladen	fahren		es **gäbe** (viel zu tun)	es **ginge** (ihm gut)
wir/sie/Sie	würden	einsteigen	einkaufen	...		es **käme** (darauf an)
ihr	würdet					statt: es **würde** geben/gehen/ankommen

Diese Formen können wir auch für die indirekte Rede nehmen (siehe Gr. S. 11, 1–2).

2 Die Formen des Konjunktivs II (Irrealis der Vergangenheit)

ich/er/sie	hätte	gefragt	angerufen		wäre			
du	hättest	eingeladen	eingekauft		wär(e)st	gegangen	gekommen	gefahren
wir/sie/Sie	hätten	geschrieben	geantwortet	...	wären	eingestiegen	geblieben	...
ihr	hättet				wär(e)t			

Diese Formen können wir auch für die indirekte Rede nehmen (siehe Gr. S. 11, 1–2).

ich/er/sie	hätte	gehen	fragen	kommen					
du	hättest	anrufen	einladen	fahren		können	müssen	dürfen	sollen	wollen
wir/sie/Sie	hätten	einsteigen	...						
ihr	hättet								

3 man, einen, einem

Nominativ	So etwas weiß **man** doch nicht. Das muss **einem** doch gesagt werden. **Man** muss **einen**
Akkusativ	informieren, wenn **man** will, dass es richtig gemacht wird. Sie hätten mit **einem** reden
Dativ	müssen. Es ist für **einen** unmöglich, alles richtig zu machen, wenn **man** ihm nicht gesagt hat, wie er es hätte machen sollen.

Wichtige Wörter und Wendungen

____en	die ____erei	
fragen	die Fragerei	Die ganze **Fragerei** ist unnötig.
schreiben	die Schreiberei	Seine **Schreiberei** bringt gar nichts.
sitzen	die Sitzerei	Die **Sitzerei** im Wartezimmer kostet viel Zeit.
essen	die Esserei	Die **Esserei** hat Stunden gedauert.
anrufen	die Anruferei	Die **Anruferei** geht mir auf die Nerven.
_____en	die _____erei	Die _____erei hat nichts gebracht.

Vorschläge machen

● Wie wäre es mit einem Kaffee?
Was halten Sie von einem Spaziergang?
Wären Sie nicht auch für eine kleine Pause?
Ich meine, das Bauernomelett kann ich Ihnen empfehlen.
Ein Stückchen Kuchen wäre jetzt genau das Richtige, oder?

▲ Gute Idee. Sehr gern.
Da sage ich nicht nein.
Ach, ich weiß nicht.
Vielen Dank, jetzt nicht.

LEKTION 2

Lektion 2 — Übungen

A **Da kann man etwas essen und trinken.**

Tragen Sie die Verpflegungsmöglichkeiten ein.

Kochecke | Pizzeria | Imbiss-Stand | Restaurant | Burger King | Metzgerei

1. In einer _____ würde man sehen, was es gibt. Da würde es auch eine warme Suppe und 1a Fleisch und Wurst geben. Da wären sogar ein paar Sitzplätze.

2. An einem _____, da ginge es schnell und wäre billig, und man wäre an der frischen Luft. Das würde einem nach der langen Sitzerei guttun.

3. In der _____ könnte man sich selbst verpflegen. Einer würde ein paar Brötchen kaufen und zum Metzger gehen, und ich würde Kaffee für alle machen. Und schon könnte es losgehen!

4. Im _____ wüsste man, was einen erwartet. Die Qualität ist in der ganzen Welt gleich, die Preise sind niedrig und es geht schnell. Da gäbe es auch keinen Getränkezwang.

5. Die _____ in der Ringstraße wäre prima. Da gäbe es etwas für jeden Hunger, schön leicht und immer nett anzusehen.

6. Der LÖWEN, das wäre wenigstens ein richtiges _____. Da könnte man gemütlich sitzen, bestellen, und man würde freundlich bedient.

B **Hören und sprechen**
- ● *Die reden und reden und reden.*
- ▲ *Ja, die ganze Rederei bringt nichts.*

C **Welcher Satz in der linken Spalte passt zu welchem Satz in der rechten Spalte?**

A Ich schlage ein richtiges Restaurant vor.
B Die Kundin will jeden Tag etwas anderes.
C Dauernd diese laute Musik!
D Und wenn man dem mal seine Meinung sagt?
E Was hast du gegen die Pizzeria Da Tino?
F Timo mit seiner Esserei.
G Solche Besucher habe ich noch nie gesehen.

1 Die kann einem sehr auf die Nerven gehen.
2 Der unterbricht immer unsere Arbeit.
3 Ja, die lassen einen nicht in Ruhe arbeiten.
4 Die kann einen ganz verrückt machen.
5 Ja, da kann man wenigstens richtig sitzen.
6 Das nützt einem gar nichts.
7 Dort kann einem ganz schlecht werden.

D **Wenn ...**

START → Wir entscheiden uns für ein Schnellrestaurant. → Wir sind mit dem Essen schnell fertig. → Wir sparen Zeit. → Die Arbeit wird rechtzeitig fertig. → Wir haben hinterher Zeit, um noch etwas zu trinken. → Wir feiern dort unseren Erfolg.

Schreiben Sie einen oder zwei Sätze und sprechen Sie dann weiter.

a) Wenn wir uns für ein Schnellrestaurant entscheiden, sind wir mit dem Essen schnell fertig.

   Wenn wir mit dem Essen ...

b) Wenn wir uns für ein Schnellrestaurant entscheiden würden, wären wir mit dem Essen schnell fertig.

   Wenn wir mit dem Essen ...

c) Wenn wir uns für ein Schnellrestaurant entschieden hätten, wären wir mit dem Essen schnell fertig gewesen.

   Wenn wir mit dem Essen ...

Übungen

E Gesprächsthema: Vorschläge machen, Entscheidungen treffen

- Was können Sie mir denn empfehlen?
- Kann man hier auch vegetarisch essen?
- Gibt es hier auch etwas für den kleinen Hunger?
- ...

- Vielleicht nehme ich noch einen gemischten Salat dazu.
- Dazu passt bestimmt junges Marktgemüse.
- Aber Reis oder Nudeln statt Pommes frites wäre mir lieber.
- ...

- Eine Apfelsaftschorle ist jetzt das Richtige.
- Erst mal ein Mineralwasser gegen den Durst.
- Vielleicht probiere ich mal die Limonade.
- ...

Hören Sie sich den Musterdialog an. Sprechen Sie zu zweit oder schreiben Sie Dialoge wie im Beispiel.

■ *Was gibt es denn hier Gutes?*
● *Wie wär's denn mit einem Rindersteak?*
■ *Ja gut, das nehme ich. Und vielleicht noch eine Tomatensuppe vorher.*
● *Und was darf es zum Trinken sein?*
■ *So früh am Tag nehme ich lieber etwas Nichtalkoholisches.*
● *Gut, Herr Smirnow, dann hoffe ich, dass das Essen Ihnen schmeckt.*

- Den Schweinebraten kann ich sehr empfehlen.
- Hier gibt es auch sehr gute Fischgerichte.
- Wenn es etwas Leichtes sein soll, dann empfehle ich die Gemüseplatte.
- ...

- Und was möchten Sie trinken?
- Darf ich Ihnen ein Glas Rotwein bestellen?
- Wie wär's mit einem frischen Pils vom Fass?
- ...

- dann danke ich Ihnen dafür, dass Sie die Einladung angenommen haben.
- dann können wir ja jetzt bestellen.
- dann wünsche ich Ihnen jetzt schon einen guten Appetit.
- ...

F Frau Grau erzählt.

Gr. S. 11, 1–2

Herr Tobler empfiehlt Frau Grau das Bauernsteak.

Das Bauernsteak mit Champignons kann ich Ihnen sehr empfehlen. Das schmeckt jedem. Ich habe es erst neulich probiert. Wenn Ihnen etwas anderes lieber ist, dann bestellen wir einfach das. Meine Frau hat neulich die Regenbogenforelle in Mandelbutter sehr gelobt. Vielleicht ist das etwas für Sie. Aber wir können ja mal den Kellner fragen. Der berät einen immer sehr gut.

Frau Grau erzählt, was ihr Herr Tobler empfohlen hat.

Er hat gesagt, das Bauernsteak mit Champignons könne er
_____
_____
_____
_____
_____
_____
_____

G Satzmelodie: Haben Sie schon gewählt?

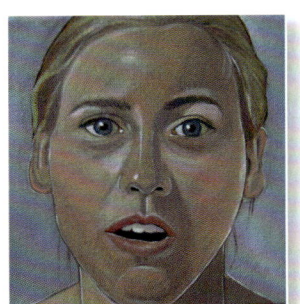

a) Machen Sie rechts bis zu drei Kreuze. Ist die Person ...

b) Lesen Sie laut und mit der passenden Melodie.

Oh! Rinderbraten.
Oh! Rinderbraten. Fisch gibt es auch.
Oh! Rinderbraten. Fisch gibt es auch. Mal sehen, was ich nehme.

c) Hören Sie zu. Sprechen Sie noch nicht.

d) Sprechen Sie nach.

☐ skeptisch?
☐ neugierig?
☐ unsicher?
☐ wütend?
☐ traurig?
☐ interessiert?
☐ erstaunt?
☐ froh?

LEKTION 2

Lektion 2 — Übungen

H Einladungen, Angebote

Was passt? Ordnen Sie zu. Es gibt oft mehrere Möglichkeiten.

A Was darf ich Ihnen anbieten?
B Darf ich Ihnen einen Kaffee anbieten?
C Was möchten Sie trinken?
D Da ist die Karte. Was hätten Sie gern?
E Darf ich Sie zu einem Imbiss einladen?
F Wenn Sie noch nichts vorhaben, würde ich Sie gern …

1 Ja, gern. Das ist aber nett von Ihnen.
2 Würstchen mit Kartoffelsalat, wenn Sie erlauben.
3 Danke, ein anderes Mal gern.
4 Ein Glas Mineralwasser. Das wäre schön.
5 Im Moment nichts. Vielen Dank.
6 Vielen Dank. Aber im Moment bin ich wunschlos glücklich.
7 Ab sieben Uhr hätte ich Zeit.
8 Ach, ich möchte keine Umstände machen.
9 Das geht leider nicht.
10 Danke, vielleicht ein anderes Mal.

I Hören und sprechen

● Das habe ich bestellt.
▲ Das hättest du besser nicht bestellt.

J „Fachtexte" schreiben, kinderleicht!

a) Lesen Sie den Dialog und das Text-Schema unten. Welche Aussagen im Dialog passen zu dem Schema? Wer hat recht?

● *Wieso € 5,20?*
▲ *Der Kaffee € 2,80 und die Torte € 2,40. Macht zusammen € 5,20.*
● *Aber hier steht: ein Kaffee und ein Stück Torte nach Wahl € 3,90.*
▲ *Ach so. Das ist nur für den Vormittag bis 12.00 Uhr.*
● *Hier steht aber nichts von Vormittag. Was hier steht, das gilt.*
▲ *Das ist hier immer so bei uns. Da können Sie jeden fragen. Jemand hat vergessen, das Schild wegzunehmen. Das kann ja mal vorkommen.*
● *Für € 5,20 hätte ich meinen Kaffee auch woanders trinken können. Kann ich mal bitte mit dem Chef sprechen?*
▲ *Ich bin der Chef.*
● *Ich zahle nur € 3,90 und keinen Cent mehr.*

b) Machen Sie aus dem Schema unten einen Text.

Unter einem Angebot versteht man im Geschäftsleben die Zusage, …

	A	B
unter A versteht man B	Angebot im Geschäftsleben	Zusage, eine Ware zu liefern oder eine Dienstleistung zu erbringen
A umfasst B	Angebot	1. Adressaten 2. Erfüllungstermin 3. Beschreibung der Leistung 4. Beschreibung der Gegenleistung
A besteht in B	Gegenleistung	Zahlung des Rechnungsbetrags
A gilt für B	adressiertes Angebot	normalerweise nur für den Adressaten
A wird als B bezeichnet	nicht adressierte Angebote	freie oder offene Angebote
A stellt B dar	Speisekarten, Preisschilder in Warenhäusern, Warenkataloge und Anzeigen	freie oder offene Angebote

24 LEKTION 2

Übungen

K Was darf es sein? nach | von | gegen | mit | aus | zu | auf | für |

Was darf es sein? Möchten Sie etwas _____ den großen Hunger? Wie wär's denn _____ einem Schweineschnitzel oder hätten Sie eher Lust _____ etwas Vegetarisches? Was halten Sie _____ Leberknödeln? Hier gibt es auch ein paar Spezialitäten _____ Österreich. Vielleicht frage ich mal _____ dem Zanderfilet. Das gibt es nicht immer, aber _____ Zanderfilet könnte ich Ihnen raten, wenn Sie nichts _____ Fisch haben.

L Zwei Arten von Sendungen

a) Beantworten Sie die Fragen 1 bis 6 möglichst nur mithilfe der markierten Textteile.

1 Wofür interessiert man sich, wenn man ein Päckchen bekommt?
2 Wo steht, dass man das Päckchen in der Regel so erhält, wie es abgeschickt wurde?
3 Wie werden in Gesprächen die Gesprächspartner bezeichnet?
4 Wie kommt es, dass der Hörer oft etwas anderes versteht als das, was der Sprecher sagen wollte?
5 Wieso kann man auf die gleiche Mitteilung oft vier sehr unterschiedliche Antworten erhalten?
6 Welche vier Interpretationsmöglichkeiten werden im Text genannt?

> 1 **Die vier Seiten einer Mitteilung**
> 2 Wenn der Paketzusteller ein Päckchen bringt, dann nimmt der Empfänger die Sendung in Empfang, öffnet
> 3 sie und nimmt den Inhalt in Empfang. Die Sendung des Absenders kommt normalerweise unverändert an
> 4 und wird unverändert in Empfang genommen. Bei der Kommunikation, egal ob privat oder beruflich,
> 5 werden ebenfalls Sendungen von einem Absender an einen Empfänger geschickt. Aber sie werden selten
> 6 so empfangen, wie sie abgeschickt wurden. Um im Bild zu bleiben: Der Empfänger öffnet die Sendung
> 7 nicht, sondern entwickelt eine subjektive Vorstellung von ihrem Inhalt. Diese subjektive Vorstellung setzt
> 8 er mit dem tatsächlichen Inhalt gleich. Wenn also jemand eine einfache Feststellung trifft, zum Beispiel, dass
> 9 es schon spät ist, dann sind für den Empfänger vier Interpretationen und folglich vier Antworten möglich:
> 10 Erstens, leider recht häufig: Er vermutet eine Beziehungsstörung: „Du langweilst dich wohl mit mir."
> 11 Zweitens, auch nicht selten: Er hält die Frage für die Aufforderung, etwas zu tun: „Wir gehen nach Hause."
> 12 Drittens, nicht so häufig. Er will etwas über sich oder seinen Gesprächspartner sagen: „Ach, du bist müde."
> 13 Und viertens, leider ziemlich selten: Das Sachinteresse steht im Vordergrund: „Ja, Viertel nach zehn."

b) Was liegt vor? Tragen Sie die Buchstaben in die Kästchen ein.

A Beziehungsstörung | B Aufforderung | C Mitteilung über sich selbst | D Sachinteresse

● Da ist etwas Grünes in der Suppe.

▲ Ja, ich dachte, das magst du so gern.   ▲ Ja, das sind Suppenkräuter.

▲ Wenn du immer etwas zu kritisieren hast,   ▲ Einverstanden, ich tue das nächste Mal
  dann iss doch in deiner Kantine!   etwas anderes in die Suppe.

M Was heißt *sagen*?

Welche Sätze in der rechten Spalte bedeuten ungefähr das Gleiche wie die Sätze in der linken Spalte?

A Wer hat denn hier das Sagen?   1 Die ist nicht die Vorgesetzte.
B Reklamation? Firma Drumm? Das sagt mir nichts.   2 Und keinen Cent weniger.
C Conny verlangt das? Die hat uns gar nichts zu sagen. 3 Der Inhalt ist wichtig.
D Gesagt, getan.   4 Der spielt keine Rolle.
E Das war ein Schlag ins Wasser, wie man so schön sagt. 5 Wer ist der Chef?
F Mit wenigen Worten viel sagen ist mir lieber als umgekehrt. 6 Davon weiß ich nichts.
G Das kostet sage und schreibe 100 Euro.   7 Das war im Handumdrehen erledigt.
H Dieser kleine Schönheitsfehler hat nichts zu sagen.   8 Das ist eine Redensart.

Lektion 3 — Vom Alltag ...

Reisen, Wohnen und Arbeiten in der EU

- Welche Dokumente brauche ich für eine Reise nach Polen?
- ▲ Ein Deutscher braucht nur einen gültigen Personalausweis. Polen ist ja auch ein EU-Land.

- Ich komme aus Moskau und möchte einen Freund in Österreich besuchen.
- ▲ Da musst du persönlich zur Botschaft gehen und ein Visum beantragen. Das stellt nur die Botschaft oder ein Konsulat aus.

1 Auslandsreisen

Was braucht man für eine Reise in Ihr Heimatland?
Was braucht man für eine Einreise in die EU?

der Reisepass (RP) | das Visum (V) | der Personalausweis (PA) | die Versicherung | die Einladung | die Flugreservierung | ...

Reisende aus EU-Ländern und aus Nicht-EU-Ländern		D	A	CH
1. Bürger der EU-Staaten benötigen bei Reisen innerhalb der EU kein Visum.	Afghanistan	RP, V	RP, V	RP, V
	Albanien	RP, V	RP, V	RP, V
2. Reisende aus einigen Nicht-EU-Ländern sind für Besuchsaufenthalte bis zu drei Monaten pro Halbjahr ebenfalls von der Visumspflicht ausgenommen.	China (außer Hongkong)	RP, V	RP, V	RP, V
	Kanada*	RP	RP	RP
	Norwegen**	PA	PA	PA
	Russland	RP, V	RP, V	RP, V
	Türkei	RP, V	RP, V	RP, V
3. Alle übrigen Ausländer sind für Aufenthalte in Deutschland grundsätzlich visumspflichtig.	Schweiz**	PA	PA	–
	Ihr Heimatland			

* bei Aufenthalten bis drei Monate
** Länder des europäischen Wirtschaftsraums

2 Einreise in die EU

S. 32 A

Kann man das der Übersicht oben entnehmen? Tragen Sie *Ja* oder *Nein* ein.

a) Alle Reisenden aus Nicht-EU-Ländern brauchen einen Reisepass. _____
b) Für Reisende aus Kanada gilt Ziffer 2. _____
c) Norwegen verlangt für die Einreise kein Visum. _____
d) Besucher aus der Türkei müssen ein Visum beantragen. _____
e) Die Schweiz hat die gleichen Einreisebestimmungen wie die EU. _____
f) Albanien ist ein EU-Land. _____
g) Reisende aus Hongkong benötigen ein Visum. _____

... in den Beruf

3 Besuch aus der Ukraine

Hören Sie, was Vitali Grigorenko vorzulegen hat. Was erwähnen die Gastgeber? Kreuzen Sie an.

☐ Sprachkurszeugnisse
☐ gültigen Reisepass
☐ ausgefüllten Visumsantrag
☐ drei Passbilder
☐ Arbeitsbescheinigung
☐ Bekanntschaftsnachweis, Einladung
☐ finanzielle Absicherung der Reise- und Aufenthaltskosten
☐ Hin- und Rückflugticket
☐ Reisekrankenversicherung
☐ Nachweis über Haus- oder Wohnungsbesitz im Heimatland

4 Merkblatt: Ein Praktikumsangebot

a) Wie würden Sie ein Praktikum in der Europäischen Union vorbereiten?

Einreise | Wohnung | Krankenversicherung | Sprachkurs | Reisepass | Visum | ...

b) • Was steht in den beiden Texten?
   • Was kann man den Texten entnehmen?
   • Was vermuten Sie?

1 Hat sich Carlos Martínez schon mit dem Anbieter in Verbindung gesetzt?
2 Hat er schon einen Praktikumsplatz?
3 Wer muss für den Versicherungsschutz sorgen?
4 Wozu muss er seine fachlichen Interessen angeben?
5 Was hat der Anbieter dem Bewerber geschickt?
6 In welchem Land möchte Herr Martínez sein Praktikum machen?
7 Hat der Anbieter Wohnheime für ausländische Praktikanten?

Sehr geehrter Herr Martínez,

wir freuen uns über Ihr Interesse an einem Praktikum in einer unserer Mitgliedsfirmen. Bitte beachten Sie das beiliegende Merkblatt und schicken Sie es bis zum

MERKBLATT

• Bitte füllen Sie das Bewerbungsformular (Anlage 2) sorgfältig aus.
• Legen Sie Zeugnisse über Ihre Schul- und Studienabschlüsse bei.
• Geben Sie Ihre Qualifikationsschwerpunkte und fachlichen Interessen an.
• Machen Sie klare Angaben über Ihre Sprachkenntnisse (z. B. Start Deutsch 1, Deutsch B1+ Beruf, TOEFL, ...).
• Wann genau möchten Sie Ihr Praktikum machen (von ... bis ...)?
• Ihre vollständigen Unterlagen müssen mindestens drei Monate vor Beginn des Praktikums vorliegen.
• Kümmern Sie sich selbstständig um: Wohnung, Kranken-, Unfall- und Haftpflichtversicherung.
• Sobald Sie von uns die Zusage haben, setzen Sie sich wegen der Einreiseformalitäten umgehend mit der zuständigen Auslandsvertretung in Verbindung.

Herr Martínez hat sich schon mit dem Anbieter in Verbindung gesetzt. Das kann man dem Anschreiben entnehmen.

..., steht nicht im Text. Aber ich vermute, dass ...

5 Reisevorbereitungen

a) Gruppenarbeit:

Was braucht Vitali Grigorenko vor Reiseantritt? Was hat Carlos Martínez für sein Praktikum zu erledigen? Tragen Sie die Informationen aus Übung 3 und 4 zusammen und berichten Sie.

Vitali | muss ... nachweisen / unterschreiben / ...
Carlos | hat ... vorzulegen / zu beantragen / ...
Man | wird gebeten, ... zu besorgen / auszufüllen / ...

b) Vorbereitung • eines Besuchs / eines Studienaufenthalts / eines Praktikums / eines Urlaubs
              • in einem EU-Land / in der Schweiz / in den USA / ...

Man | muss ...
    | ist verpflichtet ... zu ...
    | hat ... zu ...

Information über die Einreiseformalitäten in die deutschsprachigen Länder:
• auswaertiges-amt.de (Deutschland) • bmeia.gv.at (Österreich)
• eda.admin.ch (Schweiz)

Gr. S. 31, 1

LEKTION 3

Lektion 3 — Im Beruf

Ich komme aus Schweden. Schweden ist ein EU-Land. Deshalb brauche ich nur einen Personalausweis.

Ich habe sogar ein Gesundheitszeugnis beantragt. Aber das hätte ich in meinem Beruf als IT-Techniker gar nicht gebraucht.

6 Arbeiten in ...
S. 34 H

- Arbeiten Sie in Deutschland? Welche Voraussetzungen mussten Sie erfüllen?
- Nehmen Sie an, Sie möchten in Deutschland arbeiten. Welche Voraussetzungen müssten Sie erfüllen?
- Und wie wäre das in Österreich oder in der Schweiz? Recherchieren Sie im Internet.

Voraussetzungen für die Arbeitsaufnahme		
Bürger aus Ländern der	EU	Nicht-EU
Reisepass	nein	ja
Visum	nein	ja*
Aufenthaltsgenehmigung	nein**	ja
Arbeitserlaubnis	nein**	ja
Gesundheitszeugnis	nur in best. Berufen	
polizeiliche Anmeldung	ja	ja
Krankenversicherung	ja	ja
Lohnsteuerkarte	ja	ja

* außer Island, Liechtenstein, Norwegen, Schweiz
** Es gibt Ausnahmen für einige neuere Mitgliedsländer.

7 Pierre Dutronc und Carlos Martínez
1, 15

Tragen Sie den passenden Namen ein und ordnen Sie die Zitate den Stichworten zu.

		Das sagt	Das bezieht sich auf
1	Hätte ich gewusst, dass alles so kompliziert ist, ...	_Carlos._	den Praktikumsplatz.
2	Das hätte ich viel früher beantragen müssen.	_____	seine Arbeitserlaubnis.
3	Zuerst musste ich auf die Zusage warten.	_____	seinen Visumsantrag.
4	Die Papiere hätte ich sofort vorlegen müssen.	_____	das Visum.
5	Ich hätte einfach nach Deutschland fahren können.	_____	die Freizügigkeit in der EU.
6	Das konnte irgendwie geregelt werden.	_____	die schwierige Arbeitssuche.
7	Vielleicht hätte ich meine Stelle behalten sollen.	_____	seine Reisevorbereitungen.

Carlos sagt: „Hätte ich gewusst, dass alles so kompliziert ist, ..."
Das bezieht sich auf seine Reisevorbereitungen.

Im Beruf

8 Das können Sie auch.

Carlos Martínez beherrscht den Konjunktiv II Vergangenheit mit und ohne Modalverb.

Probieren Sie es auch.

angekommen | dürfen | gewollt | ~~hätte~~ | hätte | hätte | hätte | können | machen | müssen | müssen | verschieben | vorlegen | wäre | wäre

Das Visum _hätte_ ich viel früher beantragen _____. Aber das _____ nicht möglich gewesen, auch wenn ich _____ hätte. Als die Zusage für das Praktikum dann schließlich da war, hätte ich sofort meine Papiere bei der Botschaft _____ müssen. Das _____ ich nicht _____ _____. Ich habe das Visum im letzten Moment bekommen. Fast _____ ich das Praktikum nicht rechtzeitig antreten _____. Die Firma _____ noch eine Meldung bei einer Behörde _____ _____, wegen der Arbeitserlaubnis, glaube ich. Das ist dann noch irgend wie geregelt worden. Sonst _____ ich nicht pünktlich _____.

Gr. S. 31, 2 u. 3

9 Zehn Schritte zum neuen Arbeitsplatz

Geben Sie die notwendigen Anweisungen. So kann die …

Schritt 1: Anstellung finden
Schritt 2: Ausstellung des Passes durch die Heimatbehörde
Schritt 3: Visum persönlich bei der zuständigen Auslandsvertretung (Konsulat/Botschaft) beantragen
Schritt 4: Sprachnachweis beilegen (mindestens Niveau A1)
Schritt 5: Auslandsvertretung prüft den Antrag.
Schritt 6: Weiterleitung des Antrags an die zuständige Ausländerbehörde
Schritt 7: Ausländerbehörde am Sitz des Unternehmens prüft den Visumsantrag.
Schritt 8: Arbeitgeber meldet die Anstellung beim Arbeitsamt (Agentur für Arbeit).
Schritt 9: Erteilung der Aufenthaltsgenehmigung (Ausländerbehörde) und der Arbeitserlaubnis (Arbeitsamt)
Schritt 10: Benachrichtigung der Auslandsvertretung, Erteilung des Visums

a) … behördliche Information lauten:

Zuerst müssen Sie eine Anstellung finden. Einen Reisepass hat Ihnen die zuständige Heimatbehörde auszustellen. Das Visum haben Sie persönlich bei der zuständigen Auslandsvertretung zu …

b) … persönliche Beratung lauten:

Zuerst muss man eine Anstellung suchen/haben/nachweisen. Die Behörde in … muss einen Reisepass ausstellen. Das Visum muss man persönlich … Vergessen Sie / Vergiss nicht, den Sprachnachweis beizulegen. …

Gr. S. 31, 1

10 Ist Ihnen so etwas schon mal passiert?

Gruppenarbeit: Sie dachten, Sie müssten etwas tun, hätten es aber gar nicht gemusst, …
Sie hätten etwas tun müssen, haben es aber nicht getan, …

… zum Beispiel auf einer Behörde, bei der Arbeitssuche, in der Schule, …

Ich habe gedacht, man hätte ein Gesundheitszeugnis vorzulegen, wenn man in Deutschland arbeiten will. Als ich es in der Personalabteilung vorgelegt habe, haben sich die Mitarbeiter dort gewundert. Das hätte ich nur bei einer Arbeit als Koch oder Krankenpfleger vorlegen müssen. Ich bin aber Zahntechniker.

Ich wusste nicht, dass man sich in der Stadt, in der man wohnt und arbeitet, anzumelden hat. Diese Vorschrift gibt es bei uns in Australien nicht. Nach zwei Monaten sagte mir ein Kollege, ich hätte das in den ersten vier Wochen erledigen müssen. Ich habe das dann nachgeholt und mich auf dem Einwohnermeldeamt entschuldigt.

Lektion 3 — Magazin

11 Traumreisen ...

... mit dem Raumschiff

Unendliche Weiten, Gleiten durch Zeit und All, den Mann im Mond besuchen oder auf dem Mars spazieren gehen – Raumschiffe sind Traumschiffe, Transportmittel hinauf und hinein in den Raum ohne Wände, ohne Decke, nur Himmel. Schiffe, die Hunde und Menschen durch den Ozean des Alls tragen – bislang allerdings nur ausgewählte. Doch mit dem „SpaceShip Two", das in der kalifornischen Mojave-Wüste vorgestellt wurde, macht das Raumschiff einen Schritt hin zum kommerziellen Touristentransporter. 18 Meter ist das Ausflugsschiff lang, mit extragroßen Fenstern für die prima Aussicht zurück auf die Erde. Ab 2011 soll es losgehen für die mehr als 300 Touristen, die bereits gebucht haben. Für rund 135.000 Euro können sie zweieinhalb Stunden mit dem Traumschiff mitreisen. Das gibt's im ZDF aber billiger. (die tageszeitung, 9.12.09)

... und dem Traumschiff

Seit vielen Jahren kreuzt das Traumschiff durch die Weltmeere beziehungsweise durch die Wohnzimmer. An Bord feiern Traumpaare ihre Traumhochzeiten, oder sie machen Traumhochzeitsreisen. Sie erleben Traumstädte (Sydney, Singapur und Rio), spazieren über Traumstrände auf Trauminseln (Samoa, Seychellen und Hawaii) und entdecken Traumlandschaften in Traumländern (den Kilimandscharo in Kenia, die Viktoriafälle in Sambia und die Südsee).

„Das Traumschiff" ist die langlebigste Spielfilm-Serie im deutschen Fernsehen. Die erste Folge hat das Zweite Deutsche Fernsehen (ZDF) am 22. November 1981 gesendet. Seitdem träumten die deutschen Zuschauer in 70 Folgen die Träume der Traumschiff-Mannschaft. Zur Serie gibt es auch die Traumschiff-Bücher, die Traumschiff-CD und das Traumschiff-Magazin. Die 100. Folge ist sicher bald kein Traum mehr, sondern greifbare Wirklichkeit – wunderbar, traumhaft finden die einen; ein Alptraum, meinen die anderen.

- Wohin geht Ihre Traumreise: Ins All? Auf die Bahamas? In die Berge? Auf den Balkon?
- Sind Ihnen Träume wichtig?
- Sollen Träume Träume bleiben? Oder wollen Sie, dass Ihre Träume Wirklichkeit werden?

 12 Wir haben ja nur mal geträumt.

Grammatik

1 Anweisungen erteilen

müssen	Sie müssen das Visum rechtzeitig beantragen. Man muss das Visum rechtzeitig beantragen.
Imperativ	Beantragen Sie das Visum rechtzeitig. Beantrage das Visum rechtzeitig.
Imperativ + Infinitivsatz	Denken Sie daran, / Ich rate Ihnen, / Sie sind verpflichtet, das Visum rechtzeitig zu beantragen.
haben ... zu ...	Das Visum haben Sie persönlich zu beantragen. Der Arbeitgeber hat die Arbeitsgenehmigung zu beantragen.

2 Die Vergangenheit von *können, müssen, sollen, dürfen, lassen ...*

als Vollverb		als Modalverb
Präteritum	**Perfekt**	**Vergangenheit**
Durfte ich das? Ich musste zur Arbeit. Das konnten wir.	Das **hast** du **gedurft**. Das **haben** sie **gewollt**. **Hast** du das **gemusst**?	Das **musste** sie **machen**. ● Wir **wollten kommen**, aber es ging nicht. ▲ Ihr **konntet** also nicht **kommen**.
Hättest du das **gewollt**?		Das **hättest** du nicht **machen dürfen**. **Hätte** ich da auch mitmachen **können**?

3 Konjunktiv II

Präsens	● Ich **hätte** gern eine Stelle in Wien. Da **würde** ich gern **arbeiten**. Da **könnte** ich oft ins Theater und in die Oper **gehen**. In Wien **würde** ich sofort **arbeiten**, wenn ich eine Stelle **hätte**. **Könntest** du mir einen Tipp **geben**?	Wunsch Es ist möglich. So ist es nicht. Bitte
Vergangenheit	▲ Vor zwei Jahren **hätte** ich dort fast eine Stelle **gefunden**, aber es hat nicht geklappt. Ich **wäre** gern dorthin **gegangen**.	So war es nicht.
Vergangenheit mit Modalverb	● Vielleicht **hättest** du **weitersuchen sollen**. Du **hättest** einfach nicht den Mut **verlieren dürfen**. Vielleicht **hättest** du dann doch eine Stelle **finden können**. ▲ Ja, vielleicht **hätte** ich es so **machen müssen**.	Es wäre eventuell möglich gewesen.

Präsens	Vergangenheit				
würde_ + Infinitiv hätte_/wäre_ könnte_/müsste_/dürfte_/...	ohne Modalverb		mit Modalverb		
	hätte_ wäre_	+ Partizip	hätte_ wäre_	+ Infinitiv +	können/dürfen müssen/wollen

Wichtige Wörter und Wendungen

- die Einreisebestimmungen einhalten
- die Zugangsvoraussetzungen beachten/erfüllen <br> die Voraussetzungen für
  - die Arbeitsaufnahme | beachten
  - den Aufenthalt in ... | erfüllen
- einen Personalausweis | benötigen <br> ein Visum | beantragen <br> einen Reisepass | ausstellen
- eine Aufenthaltsgenehmigung | beantragen <br> eine Arbeitserlaubnis | erteilen
- einen Antrag stellen/annehmen/genehmigen
- das Antragsformular (vollständig) ausfüllen
- Finanzierungs-/Arbeits-/...nachweise / Nachweise über ... / Zeugnisse / Unterlagen
  - dem Antrag beilegen
  - der Botschaft / dem Amt / ... vorlegen
- Zur Einreise | wird ein Reisepass verlangt.
 | wird ein Visum verlangt.
 | werden Unterlagen verlangt.

LEKTION 3

Lektion 3   Übungen

A   Im Urlaub nach Kasachstan

Schreiben Sie die passenden Wörter in der richtigen Form in die Lücken.

ausgenommen
ausstellen
einhalten
benötigen
erteilen
verlangen
beantragen

Ich möchte Urlaub in Kasachstan machen. Aber ich habe noch keinen Pass. Den muss ich mir von der Gemeinde _____ lassen. Kasachstan _____ für die Einreise ein Visum. Das _____ ich auch noch. Visa _____ die Botschaft. Das kann ich bei der Botschaft schriftlich _____. Oder sind EU-Bürger von der Visumspflicht _____? Auf jeden Fall müssen sie die Bestimmungen _____.

B   Der Visumsantrag

a) Was muss der Antragsteller machen? Ordnen Sie zu.

A einen Reisepass
B den Visumsantrag
C den ausgefüllten Visumsantrag
D drei Passbilder
E einen Bekanntschaftsnachweis
F die finanzielle Absicherung der Reise
G eine Reisekrankenversicherung

1 abschließen
2 bei der Auslandsvertretung vorlegen
3 dem Antrag beilegen
4 der Botschaft nachweisen
5 persönlich abgeben
6 rechtzeitig stellen
7 bei der Heimatgemeinde beantragen

b) Schreiben Sie einige Sätze.

So: *Der Antragsteller muss bei der Heimatgemeinde einen Reisepass beantragen.
        Dann muss der Antragsteller …*

Oder so: *Vom Antragsteller muss bei der Heimatgemeinde ein Reisepass beantragt werden.
           Dann muss der Visumsantrag vom Antragsteller …*

C   Das kann doch nicht sein! Was ist denn los?

a) Lesen Sie den nebenstehenden Text laut.
Hören Sie dann den Text auf der CD.
Worin unterscheiden sich die beiden Texte?

b) Fügen Sie die Wörter, die im Hörtext vorkommen, in den nebenstehenden Text ein.
Lesen Sie ihn dann noch einmal.

> Du meinst, Vitali bekommt sein Visum nicht rechtzeitig? Was ist passiert? Er hat es schon beantragt, oder? Es kann gar nichts passieren. Wir müssen uns genau darüber informieren, wie es steht. Sonst wissen wir gar nicht, was los ist. Hat er einen Reisepass? Ich glaube, dass er sich den besorgt hat. Vitali kümmert sich immer um alles. Du, wir rufen ihn an.

c) Tragen Sie die Wörter an den passenden Stellen im Text unten ein. Lesen Sie den Text danach laut.

doch | eigentlich | denn | mal | ja

Fred glaubt, dass er nicht kommen kann? Was hat er *denn* gesagt? Er hat versprochen zu kommen, oder?

Es war alles klar. Ich möchte genau wissen, was los ist. Sonst können wir gar nicht planen. Hat er schon eine Fahrkarte gekauft? Wahrscheinlich hat er schon eine. Fred erledigt immer alles rechtzeitig. Ich muss mit ihm sprechen.

32   LEKTION 3

Übungen

D Komische Arbeitsordnung!

a) Korrigieren Sie die Arbeitsordnung.

müssen ...

... abschalten | auf dem Mitarbeiterparkplatz | die Mitarbeiter | Schutzkleidung tragen | ~~einhalten~~ | sortieren | vorzeigen

§ 1 Die Arbeitszeiten ~~können~~ *müssen* die Mitarbeiter ~~selbst regeln~~ *einhalten*.
§ 2 Den Firmenausweis brauchen die Mitarbeiter nicht kontrollieren zu lassen.
§ 3 Die Mitarbeiter können überall parken.
§ 4 In der Fertigung dürfen die Mitarbeiter in Freizeitkleidung arbeiten.
§ 5 Den Arbeitsplatz muss der Chef in Ordnung halten.
§ 6 Die Mitarbeiter können die Anlagen nach Feierabend weiterlaufen lassen.
§ 7 Abfälle werfen die Mitarbeiter bitte in eine große Tonne.

b) Schreiben Sie.

Die Mitarbeiter haben die Arbeitszeiten einzuhalten.

Die Mitarbeiter haben ...

E Mach das!

a) Sprechen Sie in Gruppen wie im Beispiel.

● Mach das!
★ Das haben Sie zu machen.
▲ Das musst du machen.
■ Sie sind verpflichtet, das zu machen.

Ebenso: ~~Mach das!~~
Achte darauf!
Nimm das mit!
Kümmere dich darum!
Sieh dir das an!

b) Oder schreiben Sie: *Achte darauf!* → *Darauf musst du achten.* → *Sie sind ...* → ...

F Hören und sprechen

● Der Antrag ist noch nicht gestellt.
▲ Und wer hat den Antrag zu stellen?

G Gesprächsthema: Um Auskunft bitten, Auskunft geben

Hören Sie sich den Musterdialog an. Sprechen Sie zu zweit oder schreiben Sie Dialoge wie im Beispiel.

- einen Rat
- eine Information
- eine Empfehlung
- ...

- was ich unserem Gast sagen soll
- wie ich ins Stadtzentrum komme
- wann ich den Antrag abgeben kann
- ...

- sagen, dass wir uns freuen
- immer geradeaus gehen
- am Vormittag vorbeikommen
- ...

- die Auskunft
- den Rat
- die Empfehlung
- ...

■ *Entschuldigen Sie bitte, ich hätte gern eine Information. Könnten Sie mir bitte sagen, wie ich ins Stadtzentrum komme?*
● *Da gehen Sie am besten immer geradeaus.*
■ *Also immer geradeaus gehen, nicht wahr?*
● *Ja, ungefähr einen Kilometer.*
■ *Vielen Dank für die Auskunft.*
● *Bitte sehr.*

- gehen ... immer geradeaus
- sagen ..., dass wir uns freuen
- kommen ... am Vormittag vorbei
- ...

- ungefähr einen Kilometer
- und begrüßen Sie ihn freundlich
- so zwischen zehn und elf
- ...

- Gern geschehen.
- Keine Ursache.
- Bitte sehr.
- ...

LEKTION 3   33

Lektion 3 — Übungen

H Voraussetzungen für die Arbeitsaufnahme in der EU

Was brauchen die Leute?

a) Ein Ägypter benötigt sowohl _____ als auch _____.

b) Ein Schweizer benötigt kein _____, aber _____.

c) Alle benötigen sowohl _____ als auch _____ als auch _____.

d) Ein Spanier benötigt weder _____ noch _____.

	EU	Nicht-EU
Reisepass	nein	ja
Visum	nein	ja*
Aufenthaltsgenehmigung	nein**	ja
Arbeitserlaubnis	nein**	ja
Gesundheitszeugnis	nur in best. Berufen	
polizeiliche Anmeldung	ja	ja
Krankenversicherung	ja	ja
Lohnsteuerkarte	ja	ja

* außer Island, Liechtenstein, Norwegen, Schweiz
** Es gibt Ausnahmen für einige neuere Mitgliedsländer.

I wollen, können, …

Beispiel: *Das wollte ich nicht, das will ich auch jetzt nicht, das habe ich noch nie gewollt, und das hätte ich auch nicht machen wollen, wenn es möglich gewesen wäre.*

Schreiben Sie wie im Beispiel:

a) können

Das konnte _____

_____ probieren _____, *wenn ich es gedurft hätte.*

b) dürfen

Das _____

_____ versuchen _____, *wenn es erlaubt gewesen wäre.*

c) müssen

_____

_____ üben _____, *wenn es wichtig gewesen wäre.*

J Hören und sprechen

● Den Antrag habe ich gestellt.
▲ Sie hätten den Antrag nicht stellen müssen.

K So stellt sich das der Chef vor.

Sprechen oder schreiben Sie über die neun goldenen Regeln.

- ● Wie hat der Mitarbeiter den Tag zu beginnen?
- ▲ Er hat den Tag fröhlich zu beginnen.
- ● Was hat der Mitarbeiter …

1. den Tag fröhlich beginnen
2. den Chef freundlich begrüßen
3. 30 Minuten vor Arbeitsbeginn mit der Arbeit beginnen
4. dem Vorgesetzten täglich frische Blumen mitbringen
5. wichtige Arbeiten in den Pausen erledigen
6. die Arbeitswerkzeuge selbst mitbringen
7. leichte Erkrankungen (Beinbruch usw.) ignorieren
8. auch am Wochenende zur Verfügung stehen
9. den Arbeitstag gegen 22 Uhr mit einem Lied beenden

Übungen

K Die Qual der Wahl

Welche Bewerberin (A, B) oder welchen Bewerber (C, D) würden Sie (nicht) einstellen?

	A	B	C	D
Eindruck	+++	-	-	++
Zeugnisse	+	++	+++	+
Gehaltsforderungen	ok	!!	!	ok
früherer Arbeitgeber	?	?	✓	✓
Bewerbungsunterlagen	+	++	++	+++
Vertrauen	✓	?	✓	?
Qualifikation	++	+++	+	++
Führungsaufgaben	✓	✓	?	?

Sprechen Sie wie in den Beispielen. Schreiben Sie dann mindestens sechs Sätze.

Eindruck von der Person gut | Zeugnisse sehr gut | Gehaltsforderungen akzeptabel | frühere Arbeitgeber bekannt | Bewerbungsunterlagen einwandfrei | Vertrauen zu der Person | Qualifikation passt zu uns | kann der Person Führungsaufgaben anvertrauen

Den Bewerber, dessen Zeugnisse so gut sind, würde ich einstellen.
  Die beiden Damen, deren früheren Arbeitgeber ich nicht kenne, ...
Die Bewerberin, deren Gehaltsforderungen zu hoch sind, würde ich nicht einstellen.
  Die beiden Bewerber, von denen ich keinen so guten Eindruck habe, würde ich nicht einstellen.

L Ausfallzeiten

Lesen Sie nur die markierten Textteile und beantworten Sie die Fragen a) bis h).

a) Wie setzen sich Fehlzeiten zusammen?
b) Wie nennt der Arbeitgeber die Fehlzeiten?
c) An wie vielen Kalendertagen wird in Deutschland generell nicht gearbeitet?
d) Wie lange dauert in Deutschland und bei Ihnen die „schönste Zeit des Jahres"?
e) Wie viele Feiertage gibt es durchschnittlich in Deutschland pro Jahr?
f) An wie vielen Tagen pro Jahr fehlt der deutsche Arbeitnehmer wegen Krankheit?
g) An wie vielen Tagen arbeiten die Deutschen im Jahr: an 220, 200, 180, 160 Tagen?
h) Wie viel Prozent seiner durchschnittlichen Lebenszeit ist der Deutsche berufstätig?

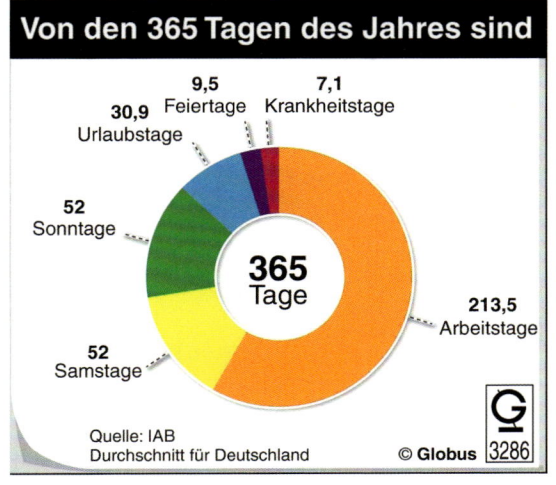

Urlaub, Feiertage, Krankheit und natürlich auch unentschuldigte Abwesenheit von der Arbeit – meist als plötzliche Erkrankung deklariert und mit bitterer Ironie von manchen Arbeitgebern als „Faulentia" diagnostiziert – sind Fehlzeiten, denn der Arbeitnehmer fehlt und bekommt dennoch seinen vollen Lohn. Für den Arbeitgeber sind diese Fehlzeiten also, genau genommen, Ausfallzeiten, denn die Arbeit fällt aus, die Bezahlung fällt aber an.

So viel weiß jeder: Das Jahr hat 365 Tage und jedes Schaltjahr einen mehr. Was aber nicht jeder weiß: Die Samstage, Sonntage und gesetzlichen Feiertage – von Bundesland zu Bundesland etwas unterschiedlich geregelt – machen in Deutschland jeden dritten Kalendertag zum Ruhetag. Und dazu kommt dann noch die „schönste Zeit des Jahres", die – geschickt platziert – bis zu sechs Kalenderwochen dauern kann. Zu neun bis zehn Feiertagen kommt noch ein gutes halbes Dutzend Krankheitstage. Sie treten vor allem vor und nach den gesetzlichen Feiertagen auf und werden daher von verärgerten Personalleitern manchmal auch als „krankfeiern" bezeichnet.

Nun sagt man ja, die Deutschen seien fleißig. Das kann sein. Aber sie sind es nur etwas öfter als jeden zweiten Tag und insgesamt nicht länger als 38 bis 40 Stunden pro Woche und auch das nur 40 Jahre, ein halbes Leben lang.

LEKTION 8   85

Lektion 9 Vom Alltag ...

Mitbestimmen. Mitwirken. Zusammenarbeiten.

von links nach rechts:
Hanno Theißen (Heinrich Kolaschs Sohn aus erster Ehe)
Thomas Schnitzler (Sohn von Helga Schnitzler und Heinrich Kolasch)
Helga Schnitzler (Ehefrau),
Heinrich Kolasch (Ehemann)
Susan Brown (Helga Schnitzlers Tochter aus erste Ehe)

Abends essen wir gemeinsam. Daran soll sich jeder halten.

Wir haben beschlossen, uns zu duzen. Diese Regel wird von allen beachtet.

Wir achten alle darauf, dass niemand gegen unsere Vereinbarungen verstößt.

Regeln für unser Zusammenleben:
Wir sind eine Familie. Wir müssen und wollen miteinander auskommen. Wir respektieren einander.

Unsere Vereinbarungen:
- Wir sagen einander einmal pro Tag etwas Freundliches, ein Lob, einen Dank.
- Einmal pro Woche machen wir einander eine Freude.
- Streit kommt immer mal vor. In diesem Fall wird er innerhalb von 24 Stunden beigelegt.
- Die Hausarbeit wird gerecht verteilt.
  – Jeder ist für die Sauberkeit seines Zimmers verantwortlich.
  – Für den Rest gibt es einen Putzplan.
  – Erledigte Arbeiten werden im Putzplan abgehakt.
- Einmal pro Monat tagt der Familienrat.

1 **In der Familie, in der Gruppe, im Team**
S. 92 A
Wie sind in Ihrer Familie, in Ihrer Gruppe, in Ihrem Team die Aufgaben verteilt?
Welche Regeln müssen eingehalten werden?
Gegen welche Vereinbarungen darf man verstoßen?

2 **Der Familienrat tagt.**
2, 15
S. 92 B
- Welche Vereinbarungen werden erwähnt?
- Welche Vereinbarungen sind eingehalten worden?
- Gegen welche Vereinbarungen wurde verstoßen?
- Was hat Herr Kolasch versäumt?
- Hat Frau Schnitzler gute oder schlechte Laune?
- Wie finden Sie | die Atmosphäre bei dem Treffen?
  die Regeln und Vereinbarungen?
  die Idee, regelmäßig Familienrat zu halten?

... in den Beruf

3 Bilanz nach dem Familienrat

Ist die Zusammenfassung richtig? Fehlen Punkte? Vergleichen Sie die Zusammenfassung mit dem Gespräch beim Familienrat und den „Regeln fürs Zusammenleben" (Übung 2).

> Die Familie hat Regeln und einige Punkte für das Zusammenleben fest vereinbart. Die fest vereinbarten Punkte werden immer zuverlässig eingehalten. Es gab auch einen festen Termin für ihren Familienrat. Aber dann hat es mit dem seit langer Zeit festgelegten Termin nicht geklappt. Jetzt konnte der wiederholt verschobene Termin endlich stattfinden. Frau Kolasch erinnert alle daran, dass die gemeinsamen Arbeiten im Haushalt in einem Plan eingetragen sind, die nach Erledigung abgehakt werden müssen. Sie kritisiert ihren Mann, dass er die in den Plan eingetragenen Arbeiten nicht pünktlich erledigt und abgehakt hat. Aber das Bad hat er geputzt. Thomas entschuldigt sich dafür, dass er mit schmutzigen Schuhen ins gerade geputzte Bad gegangen ist. Hanno und Susan hatten einen kleinen Streit, den Hanno noch am selben Tag beendet hat. Alle sind sich einig, dass der so schnell beendete Streit ein Beispiel für die gut funktionierenden Regeln ist.

4 Gespräch im Vertrieb: Der Auftrag von Solimar

a) Tragen Sie in die Spalte „Soll" ein, wie der Auftrag lautet und wie er abgewickelt werden soll.

Soll		b) Ziehen Sie Bilanz:	Ist
Auftragsvolumen	_____	Was konnte das Team einhalten?	2.400 Stück
Maße	1667 x 1000 x 50 mm	Was wurde unterschritten? Was wurde überschritten?	1665 x 1000 x 43 mm
Qualitätsnorm	_____	Was wurde (nicht) eingehalten? Wovon wurde abgewichen?	MPP 500
Lieferung	_____		4 Teillieferungen
Teillieferung 1	_____	*Die vereinbarte Stückzahl wurde eingehalten. Von der vom Kunden angefragten Qualität mussten wir abweichen. Aber die Qualitätsnorm der SFM Premium überschreitet die Normen der MPP 500 sogar. Den Liefertermin für die erste Teillieferung haben wir eingehalten, aber die geplante Stückzahl wurde …*	800 Stück, 01.08
Teillieferung 2	_____		800 Stück, 15.08.
Teillieferung 3	_____		400 Stück, 20.08.
			400 Stück, 28.08.
zuständig	_____		Mark Lutz (ab 12.8.)

Gr. S. 91, 1–3

5 Der Trainingsplan von Samira Mutinda

Was hat Samira wahrgenommen/ eingehalten, was hat sie über- bzw. unterschritten, wo ist sie abgewichen?

Im Großen und Ganzen hat Samira den Plan eingehalten. Aber die Mittagspause hat sie … Die Zeit für die Hausaufgaben hat sie deshalb …

Halten Sie Ihre Pläne ein? Verstoßen Sie manchmal dagegen? Weichen Sie ab? Über- oder unterschreiten Sie Ihre Planungen häufig, manchmal, selten oder nie? Berichten Sie anhand von Beispielen.

Täglicher Trainingsplan		Verlauf Mittwoch, 8.11.
09.30-10.00	Unterricht	✓
10.00-10.30	Pausengespräche	3 x SmallTalk
10.30-12.00	Unterricht	11.30 zum Arzt
12.00-13.30	Mittagspause	bis 14.00
13.30-15.00	Hausaufgaben	nur 1 Std.
15.00-15.30	Sprechübungen CD	keine Lust gehabt
15.30-16.00	Internetübungen	✓
16.00-17.00	Radio/Zeitung	15 Min. TV-Nachrichten
17.00-18.00	schriftl. Übungen	✓ (Brief an Erika)
ab 18.00	Freizeit	✓ (Kino)

LEKTION 9

Lektion 9 — Im Beruf

Der Betriebsrat tagt.

Jürgen Kiesl, Betriebsrat
Murat Zaimoglu, Jugendvertreter

● Soll ein lange beschäftigter Mitarbeiter entlassen werden, muss der Betriebsrat gehört werden.
▲ Bei uns gibt es ein ähnliches Recht.
■ Bei uns gibt es keinen Betriebsrat.

Ein lange beschäftigter Mitarbeiter soll entlassen werden.

In der Verwaltung soll ein neues EDV-System eingeführt werden.

Ein neu eingestellter Mitarbeiter übernimmt Tätigkeiten, die bisher ein anderer Kollege ausgeführt hat.

Ein unrentabel gewordener Betriebsteil soll stillgelegt werden.

Die Geschäftsführung will die Pausenzeiten ändern.

Wegen der vielen Aufträge verschiebt die Geschäftsführung den Urlaub.

6 Was können Sie da machen?

Diskutieren Sie anhand der oben stehenden Fälle. Haben die Arbeitnehmer bei Ihnen Mitwirkungs- oder Mitbestimmungsrechte? Wenn ja: Welche gibt es? Wie werden bei Ihnen die Interessen der Belegschaft vertreten?

7 Gespräch beim Betriebsrat

a) Kommen die folgenden Aussagen im Gespräch zwischen Herrn Siecker (Vertrieb) und dem Betriebsratsvorsitzenden Kiesl vor? Tragen Sie *Ja* oder *Nein* ein.

Peter Siecker
1 verlangt die Einhaltung eines früher geschlossenen Kompromisses. _____
2 möchte die Zustimmung des Betriebsrats zu Überstunden. _____
3 will dafür sorgen, dass neue Mitarbeiter eingestellt werden. _____
4 verspricht mehr Personal. _____

Jürgen Kiesl
1 ist strikt gegen Überstunden. _____
2 fordert Neueinstellungen während der Urlaubszeit. _____
3 erklärt, dass er die Sache nicht allein entscheiden kann. _____
4 will dem Betriebsrat das Problem vortragen. _____

b) Im deutschen Betriebsverfassungsgesetz heißt es: *Betriebsrat und Arbeitgeber arbeiten vertrauensvoll zum Wohl des Unternehmens zusammen.* Entspricht das Gespräch dieser Forderung?

Im Beruf

c) Welches Mitbestimmungs- oder Mitwirkungsrecht spielt im Gespräch zwischen Herrn Siecker und dem Betriebsratsvorsitzenden eine Rolle?

laut Betriebsverfassungsgesetz*

Mitwirkung** bei
- Arbeitsablauf (§ 90)
- Betriebsorganisation (§§ 90, 91)
- Personalplanung (§ 92, Abs. 1)
- Kündigung (§ 102)
- Betriebsänderung (§§ 111–113)

Mitbestimmung*** bei
- Einstellung, Versetzung, Umgruppierung (§ 72)
- Betriebs- und Arbeitsordnung (§ 87, Abs. 1, Ziff. 1)
- Arbeits- und Pausenzeiten (§ 87, Abs. 1, Ziff. 3)
- Sozialeinrichtungen (§ 87, Abs. 1, Ziff. 8, 9)
- Zeit, Ort, Art der Lohnzahlung (§ 87, Abs. 1, Ziff. 4)
- Urlaubsplanung (§ 87, Abs. 1, Ziff. 5)
- Unfallverhütung, Gesundheitsschutz (§ 89)
- Sozialplan bei Betriebsänderung (§ 112, Abs. 1)

* in Deutschland
** Der Betriebsrat muss zu den Maßnahmen des Arbeitgebers gehört werden. Der Betriebsrat ist zur Mitwirkung verpflichtet. Er kann den Maßnahmen des Arbeitgebers innerhalb einer Woche widersprechen und den Arbeitgeber beraten.
*** Der Arbeitgeber kann Maßnahmen im Rahmen der oben genannten Punkte nur mit Zustimmung des Betriebsrats durchführen.

8 Ein für uns wichtiger Auftrag

Erklären Sie einem Partner anhand des Textes in kurzen Sätzen das Problem, das gelöst werden muss.

Der Vertrieb hat einen großen Auftrag akquiriert. Der Auftrag ist für die Firma wichtig. Die Firma überschreitet aber schon jetzt die Liefertermine. Die hat sie ihren Kunden zugesagt. Deshalb soll der Betriebsrat einem Antrag ... Die Mehrarbeit soll dauern, bis ...

Der Vertrieb hat einen großen, für die Firma wichtigen Auftrag akquiriert. Allerdings überschreitet die Firma schon jetzt die Liefertermine, die sie den Kunden zugesagt hat. Deshalb soll der Betriebsrat einem Antrag auf Mehrarbeit bis zur Erledigung des Großauftrags zustimmen. Der Betriebsratsvorsitzende weist aber auf die gerade vor zwei Monaten beschlossene Überstundenregelung hin. Er möchte, dass die erst seit Kurzem bestehende Vereinbarung eingehalten wird. Er wiederholt die seit Langem bekannte Forderung, mehr Personal einzustellen. Herr Siecker schlägt dagegen vor, die immer noch bestehenden Reserven zu nutzen, also den bisher vom Betriebsrat abgelehnten Überstunden zuzustimmen. Der Betriebsratsvorsitzende will versuchen, dafür im 15-köpfigen Betriebsrat eine Mehrheit zu bekommen.

Gr. S. 91, 1–3

9 Entscheiden Sie.

Hat der Arbeitgeber / der Betriebsrat die Bestimmungen des Betriebsverfassungsgesetzes (siehe Übung 7 c) eingehalten, oder hat er gegen sie verstoßen?

Fall 1: Der Arbeitgeber verkürzt die Mittagspause und informiert die Mitarbeiter drei Monate vorher am Schwarzen Brett darüber.

Fall 2: Der Arbeitgeber will eine neue Werkhalle bauen. Er beginnt mit dem Bau nach einem Gespräch mit dem Betriebsrat.

Fall 3: Fünf Kollegen wollen eine Lohnerhöhung. Der Betriebsrat findet das richtig und schlägt vor, ab kommenden Montag zu streiken.

Fall 4: Der Arbeitgeber hat einem Arbeitnehmer gekündigt, weil er dauernd unentschuldigt fehlt. Er informiert den Betriebsrat über die Kündigung.

Fall 5: Die Firma will die Arbeitssicherheit verbessern und kauft für alle Mitarbeiter Sicherheitsschuhe. Sie will den Betriebsrat mit dieser guten Idee überraschen.

Fall 6: Der Betriebsrat schlägt vor, den Arbeitsbeginn um 30 Minuten zu verschieben. Der Arbeitgeber ist dagegen. Der Betriebsrat fordert die Kollegen auf, ab sofort eine halbe Stunde später zu kommen.

In Fall 1 hat der Arbeitgeber gegen Paragraph 87 Betriebsverfassungsgesetz verstoßen. Laut Paragraph 87 hätte der Arbeitgeber nicht einfach die Mittagspause kürzen dürfen. Der Betriebsrat hätte vorher zustimmen müssen.

In Fall hat ... | gegen Paragraph ... verstoßen.
... (nicht) eingehalten.
seine Befugnisse übertreten.

Wie wäre das bei Ihnen?

LEKTION 9

Lektion 9 — Magazin

10 Tag der Arbeit, Feiertag: 1. Mai

- Was wissen Sie über die Geschichte des 1. Mai?
- Wie wird der 1. Mai bei Ihnen gefeiert? Hatte er bei Ihnen eine Bedeutung?
- Gibt es andere Feier- oder Gedenktage für die Arbeitnehmerrechte?

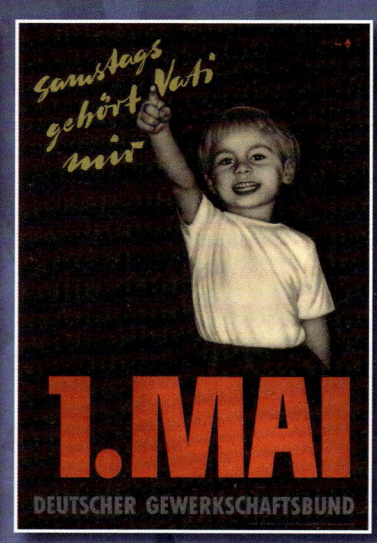

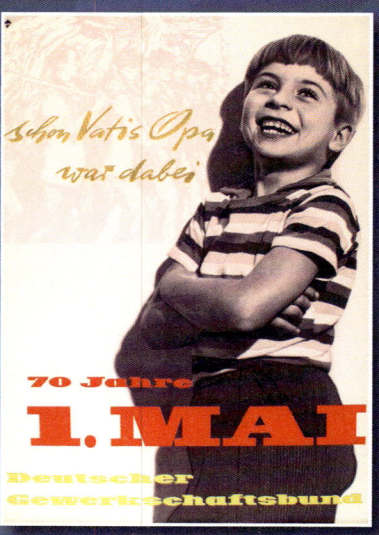

Plakate des Deutschen Gewerkschaftsbundes (DGB) zum 1. Mai aus dem 20. Jahrhundert

11 Ohne Partizipien keine Klarheit, keine Ordnung

Jedes Verweilen unter schwebender Last ist verboten

Nicht auf den fahrenden Wagen aufspringen

Eingeschränkter Winterdienst
Betreten auf eigene Gefahr

Vorsicht freilaufender Chef
wenn Chef kommt,
auf den Boden werfen und
auf Hilfe warten,
wenn keine Hilfe kommt ...
viel Glück!!

Achtung!
Spielende Kinder

Geerdet und kurzgeschlossen

Unbefugten ist der Zutritt verboten

Videoüberwachter Bereich

Frisch gestrichen!

Unberechtigt parkende Fahrzeuge werden kostenpflichtig abgeschleppt

Im Hausflur abgestellte **Fahrräder** werden entfernt! Der Hausmeister

Behinderten-Parkplatz

12 Alle sind gleich, einige sind gleicher: Kalb, Ziege, Schaf und Löwe ...

a) ... als Geschäftspartner. (Nach einer Fabel von Jean de La Fontaine, 1621–1695)
Was bedeutet das für das Zusammenleben und die Zusammenarbeit in der Familie, im Betrieb, in der Gesellschaft?

b) La Fontaines Fabel als Gedicht (deutsche Übersetzung: Ernst Dohm, 1819–1883)

Grammatik

1 Attribute: Wie? Welche_? Was für ein_?

Wir haben einen Betriebsrat. **Er ist sehr kompetent**. Unser Betriebsrat hat **15 Mitglieder**. Er wird alle vier Jahre gewählt. Wir vertrauen unserem Betriebsrat. **Er arbeitet gut. In unserem Betriebsrat sind sieben Kolleginnen und acht Kollegen**. **Er ist vor drei Jahren gewählt worden**. Nächstes Jahr stellt er sich wieder zur Wahl. Wahrscheinlich wird er wieder gewählt. **Er hat ja immer gut gearbeitet**.

Wir haben einen **sehr kompetenten** Betriebsrat.
Unser **15-köpfiger** Betriebsrat wird alle vier Jahre gewählt.
Wir vertrauen unserem **gut arbeitenden** Betriebsrat.
Wir haben einen Betriebsrat **mit sieben Kolleginnen und acht Kollegen**.
Unser **vor drei Jahren gewählter** Betriebsrat stellt sich nächstes Jahr wieder zur Wahl.
Wahrscheinlich wird unser Betriebsrat, **der so gut gearbeitet hat**, wieder gewählt.

2 Attribut: (erweitertes) Partizip I

Wie, euer Gerät funktioniert nicht? Unser Gerät funktioniert gut. Es funktioniert seit Langem gut.
Es funktioniert wartungsfrei. Es ist vom gleichen Hersteller.

Wir haben ein **funktionierendes** ⎤
Wir haben ein **gut funktionierendes** ⎥ Gerät vom gleichen Hersteller.
Wir haben ein **seit Langem gut funktionierendes** ⎥
Wir haben ein **seit Langem wartungsfrei und gut funktionierendes** ⎦

3 Attribut: (erweitertes) Partizip II

Die Arbeiten müssen von den Familienmitgliedern erledigt werden. Die Arbeiten müssen pünktlich erledigt werden. Das zuständige Familienmitglied muss die Arbeit abhaken, die es erledigt hat.

Die **erledigten** Arbeiten ⎤
Die **pünktlich erledigten** Arbeiten ⎥ müssen auf der Liste abgehakt werden.
Die **vom zuständigen Familienmitglied pünktlich erledigten** Arbeiten ⎦

Wichtige Wörter und Wendungen

feste Verbindungen zwischen Nomen und Verb

- gegen | eine Vereinbarung | verstoßen
  ein Gebot
  ein Verbot
  eine Regel
  ein Gesetz
  ...

- eine Vereinbarung | einhalten
  ein Gebot | beachten
  ein Verbot
  eine Regel
  ein Gesetz
  ...

- ein Maß | überschreiten
  eine Norm | unterschreiten
  eine Frist
  ...

- von | einem Maß | abweichen
  einer Norm
  einer Frist
  einer Regel

- Bilanz ziehen
- einen Streit beilegen

- eine Vereinbarung | treffen
  eine Entscheidung
  eine Maßnahme
  ...

- einen Termin | einhalten
  verschieben
  absagen

- eine Pflicht | wahrnehmen
  eine Aufgabe | versäumen
  einen Termin | delegieren
  ... | übernehmen

LEKTION 9

Lektion 9 — Übungen

A Schreiben Sie bis zu zwei Verben in die Lücken.

beachten | abhaken | beilegen | versäumen | einhalten | haben | respektieren | treffen | wahrnehmen

a) einen Streit _____, _____
b) Regeln _____, _____
c) eine Person _____, _____
d) etwas auf einer Liste _____
e) eine Verabredung _____
f) eine Entscheidung _____, _____
g) gute Laune _____
h) Pflichten _____, _____

B Schreiben Sie 3x *denn*, 5x *doch*, 3x *mal*, 2x *eben*, 3x *ja* in die passenden Lücken.

● Ich begrüße euch zu unserer Besprechung. Wir müssen wieder _____ Bilanz ziehen. Hanno, schreibst du bitte das Protokoll?

▲ Wieso _____ ich? Ich habe _____ gerade das letzte Protokoll geschrieben. Und wieso treffen wir uns _____ überhaupt? Es ist _____ alles in Ordnung.

■ Da hast du recht. Das finde ich _____ auch. Wir haben _____ alles gut geregelt. Aber Heinrich, du hast wieder _____ gegen die Regeln verstoßen.

✱ Wieso? Was habe ich _____ falsch gemacht?

● Ich glaube _____, dass du deine Arbeiten pünktlich erledigt hast. Aber du hast sie _____ nicht abgehakt. Das hatten wir _____ vereinbart. Damit gibst du _____ ein schlechtes Beispiel.

✱ Du hast _____ recht. Entschuldige bitte.

● Schon gut, Heinrich. Aber denk _____ _____ daran.

C Vereinbarte Regeln, übernommene Aufgaben ...

a) Ihr müsst ...
1 die vereinbarten Regeln einhalten. — *Welche Regeln sind denn vereinbart worden?*
2 die übernommenen Aufgaben erledigen. _____
3 die verteilten Pflichten wahrnehmen. _____
4 den verschobenen Termin nachholen. _____
5 die getroffene Entscheidung respektieren. _____
6 seit Langem geplante Termine wahrnehmen. _____

b) Was ist denn mit ...   Ich weiß nichts von ...
1 den übernommenen Aufgaben? — *Aufgaben, die ich übernommen habe.*
2 der gestern getroffenen Entscheidung? — *einer Entscheidung,*
3 dem für morgen vereinbarten Termin? _____
4 dem immer noch nicht beigelegten Streit? _____
5 dem geplanten Treffen? _____

D Hören und sprechen
● Das Gerät funktioniert doch zuverlässig, oder?
▲ Ja wirklich, ein zuverlässig funktionierendes Gerät.

Übungen

E Soll-Ist-Vergleich: Wie war das Geschäftsjahr?

a) Im Geschäftsbericht der Scholz GmbH steht: „Im Allgemeinen wurde die Jahresplanung eingehalten." Stimmen Sie dieser Aussage zu? Prüfen Sie die Angaben.

	Soll	Ist
Umsatz	€ 12,9 Mio.	€ 13,24
Produktion	580.000 Einheiten	612.000 Einheiten
Lagerbestand	60.000 Einheiten	42.000 Einheiten
Kosten für		
* Material	€ 1,5 Mio.	€ 1,8 Mio.
* Ersatzteile	€ 0,8 Mio.	€ 0,286 Mio.
* Hilfsstoffe	€ 0,22 Mio.	€ 0,219 Mio.
Investitionen	€ 3,2 Mio.	€ 2,4 Mio.
Personal		
* Verwaltung	53 Mitarbeiter	53 Mitarbeiter
* Fertigung	412 Mitarbeiter	412 Mitarbeiter

b) Welche Plangrößen wurden
- eingehalten?
- knapp | überschritten?
- deutlich | unterschritten?

Schreiben Sie wie im Beispiel.

Der Umsatz wurde mit 13,24 Millionen Euro um 340 000 Euro deutlich überschritten. Die Kosten für …

F Gesprächsthema: Vor- und Nachteile besprechen, Lösungen suchen

Hören Sie sich den Musterdialog an. Sprechen Sie zu zweit oder schreiben Sie Dialoge wie im Beispiel.

- doch neues bestellen.
- es doch reklamieren.
- doch den Liefertermin verschieben.
- es doch trotzdem benutzen.
- …

- das nichts kosten würde.
- wir rechtzeitig fertig wären.
- das Problem schnell gelöst wäre.
- wir keine Qualitätsmängel befürchten müssten.
- …

- das mit dem Chef besprechen.
- den Chef um seine Zustimmung bitten.
- den Kunden informieren.
- fehlerfreies Material einsetzen.
- …

■ *Das Material ist nicht in Ordnung? Wir könnten doch den Liefertermin verschieben.*
● *Das wäre zwar einfach, ist aber unmöglich.*
■ *Das hätte aber den Vorteil, dass wir keine Qualitätsmängel befürchten müssten.*
● *Ja, aber andererseits dürfen wir den Kunden nicht warten lassen.*
■ *Gut, dann schlage ich vor, dass wir den Kunden informieren.*
● *Einverstanden.*

- wäre gut, ist aber schwierig.
- geht vielleicht, aber nur im Notfall.
- ist zwar möglich, aber sehr teuer.
- wäre zwar einfach, ist aber unmöglich.
- …

- könnten wir den Termin nicht einhalten.
- würde das die Qualität verschlechtern.
- dürfen wir den Kunden nicht warten lassen.
- hat der Hersteller lange Lieferzeiten.
- …

- Einverstanden.
- So machen wir es.
- Ja, das geht.
- Na gut.
- …

G Was findet wann wo statt?

Schreiben Sie die fehlenden Angaben in die Lücken.

09.30–10.00	Unterricht (Raum 12)
10.00–10.30	Testvorbereitung (Cafeteria)
10.30–12.00	PC-Übungen (Bibliothek)
12.00–13.30	Mittagspause (Mensa)
14.00–16.00	Hausaufgabenhilfe (Freizeitraum) *fällt aus*

1 Der Unterricht von _9.30 bis 10.00 Uhr_ findet in Raum 12 statt.

2 Die Testvorbereitung _____ findet von 10.00 bis 10.30 Uhr statt.

3 Für die von _____ PC-Übungen müssen wir in die Bibliothek gehen.

4 Die Mittagspause, die _____, verbringen wir in der Mensa.

5 Die normalerweise im _____ Hausaufgabenhilfe fällt heute aus.

LEKTION 9

Lektion 9 — Übungen

H Redensarten, ...

... die in den Gesprächen im Vertrieb (Übung 4) und beim Betriebsrat (Übung 7) vorkommen. Was bedeuten die Redensarten? Ordnen Sie zu.

A Wir können nicht zaubern.
B Wo drückt der Schuh?
C Wir wissen nicht, wo uns der Kopf steht.
D Die Urlaubszeit steht vor der Tür.
E Daher weht also der Wind.
F Sie stoßen die Vereinbarung um.
G Sie setzen mir die Pistole auf die Brust.
H Ich versuche mein Bestes.

1 Das sind also Ihre Absichten und Pläne.
2 Die vielen Aufgaben sind fast nicht mehr zu erledigen.
3 Ich tue alles, was möglich ist.
4 Sie wollen mich unter Druck setzen.
5 Schon sehr bald machen die Mitarbeiter Ferien.
6 Man darf nichts Unmögliches verlangen.
7 Sie halten bestehende Absprachen nicht ein.
8 Welches Problem haben Sie?

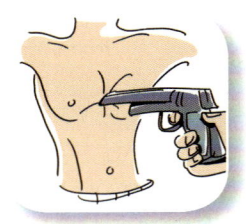

I Der Betriebsrat tagt.

a) Unterstreichen Sie die Attribute in den Sätzen.

Der <u>unter Zeitdruck stehende</u> Vertrieb hat beim Betriebsrat Überstunden beantragt. Der Betriebsrat muss also eine seit einigen Monaten bestehende Überstundenregelung überprüfen und eventuell ändern. Heute will der schon seit mehreren Stunden diskutierende Betriebsrat über den Antrag entscheiden. Die schon nervös auf das Diskussionsergebnis wartende Geschäftsführung rechnet mit einer Mehrheit für den Antrag. Der mit dem Kunden vereinbarte Liefertermin muss unbedingt eingehalten werden. Der Kunde braucht die schon vor zwei Monaten bestellte Lieferung pünktlich.

b) Schreiben Sie die „Haupt-" und die „Nebenaussage" auf.

Aussage 1
Der Vertrieb hat beim Betriebsrat Überstunden beantragt.
Der Betriebsrat muss also ...

Aussage 2
Der Vertrieb steht unter Zeitdruck.

J Eigenschaften. Schreiben Sie wie im Beispiel.

a) Unsere Mitarbeiter sind qualifiziert, zuverlässig und arbeiten selbstständig.
   Unsere qualifizierten, zuverlässigen und selbstständig arbeitenden Mitarbeiter

b) Unser Betriebsrat ist erfahren, bei den Mitarbeitern beliebt und vertritt unsere Interessen selbstbewusst.
   Unser

c) Unsere Geschäftsführung ist flexibel, innovativ und wird von den Mitarbeitern unterstützt.
   Unsere

d) Unser Werk ist modern, liegt zentral und ist vor wenigen Monaten vergrößert worden.
   Unser modernes,

e) Unser Besucher kommt aus den USA, wurde vor zwei Monaten eingeladen und ist wichtig.
   Unser

Übungen

K Satzmelodie: *Wie? Mit dem Gerät?*

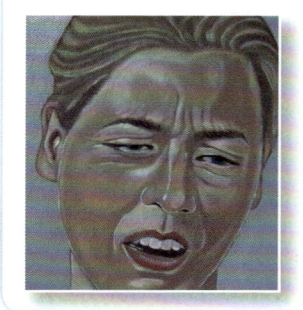

a) Machen Sie bis zu drei Kreuze. Ist die Person ...

b) Lesen Sie laut und mit der passenden Melodie.

Wie? Mit dem Gerät?
Wie? Mit dem Gerät? Und unser neues?
Wie? Mit dem Gerät? Und unser neues? Das ist doch da.

c) Hören Sie. Sprechen Sie noch nicht.

d) Sprechen Sie nach.

- enttäuscht?
- kühl?
- fröhlich?
- traurig?
- vorsichtig?
- unzufrieden?
- unglücklich?
- freundlich?

L Hören und sprechen

● Was ist eigentlich mit dem gestern vereinbarten Termin?
▲ Ich glaube, der ist gar nicht vereinbart worden.

M Informationen entnehmen: Arbeitnehmervertreter

- Lesen Sie nur die markierten Wörter.
- Ordnen Sie die Überschriften den drei Absätzen zu:
  A Mitbestimmungsrechte in Österreich und der Schweiz
  B Das deutsche Betriebsverfassungsgesetz
  C Aufgaben des Betriebsrats
- Fassen Sie den Text anhand der markierten Wörter zusammen.
- Wollen Sie Ihre Zusammenfassung noch mit dem Text vergleichen?

In Deutschland ist die Rechtsgrundlage für den Betriebsrat das Betriebsverfassungsgesetz. Es regelt die Rechte und Pflichten des Betriebsrats. Hat ein Betrieb mindestens fünf ständig beschäftigte Mitarbeiter, so kann dort ein Betriebsrat gewählt werden. Die Größe des Betriebsrats hängt von der Zahl der Mitarbeiter ab. In Betrieben mit 5–20 Mitarbeitern hat der Betriebsrat ein Mitglied. In Betrieben, die zwischen 1001 bis 2000 Mitarbeiter haben, sind es 15 Betriebsräte. Drei von ihnen sind von der Arbeit freigestellt und machen nur ihre Betriebsratsarbeit. Die Amtszeit des Betriebsrats dauert vier Jahre. Nach vier Jahren wird ein neuer Betriebsrat gewählt.

Der Betriebsrat hat die Aufgabe, die Interessen der Arbeitnehmer zu vertreten. Er soll die Beschäftigung fördern und sichern sowie die Einhaltung der Maßnahmen zum betrieblichen Arbeits- und Umweltschutz kontrollieren. Vor jeder Kündigung ist der Betriebsrat anzuhören. Wenn er der Kündigung widerspricht, muss der Arbeitgeber den Mitarbeiter bis zur endgültigen Entscheidung vorläufig weiterbeschäftigen. Maßnahmen zur Arbeitszeit, bei Einstellungen und Versetzungen u. a. kann der Arbeitgeber nur mit Zustimmung des Betriebsrats durchführen. Auch wenn der Betrieb verlegt oder stillgelegt werden soll, hat der Betriebsrat ein Mitbestimmungsrecht.

In Österreich regelt das Arbeitsverfassungsgesetz die Rechte und Pflichten des Betriebsrats. Fachleute meinen aber, dass der Betriebsrat in Österreich weniger Mitbestimmungsrechte als in Deutschland hat. In der Schweiz gibt es keine Betriebsräte wie in Deutschland und Österreich, sondern sogenannte Arbeitnehmervertretungen mit deutlich geringeren Möglichkeiten, das betriebliche Leben zu beeinflussen.

N Ordnen Sie zu.

1 Wenn Mitarbeiter streiken wollen,
2 Ändert der Arbeitgeber die Pausenzeiten,
3 Bei Maßnahmen, die den Arbeitsablauf betreffen,
4 Falls der Betrieb erweitert werden soll,
5 Bei einer Kündigung
6 Wenn es um die Arbeits- und Pausenzeiten geht,

A benötigt er laut § 87 die Zustimmung des Betriebsrats.
B darf der Betriebsrat nicht zustimmen. Der Betriebsrat ist dazu nicht berechtigt.
C ist der Betriebsrat auf jeden Fall zu informieren.
D darf der Betriebsrat die Mitwirkung laut §§ 90, 91 nicht ablehnen.
E kann der Betriebsrat mitbestimmen, aber er kann nicht allein entscheiden.
F muss der Betriebsrat laut § 102 angehört werden.

LEKTION 9   95

Lektion 10   **Vom Alltag ...**

Wie hat es Ihnen gefallen?

1 Evaluierung Ihres Lehrwerks

Machen Sie eine Umfrage:
- Was hatten Sie von Ihrem Sprachkurs mit AB&C erwartet? Wie hatten Sie ihn sich vorgestellt?
- Welche Erwartungen wurden (nicht) erfüllt?
- Was haben Sie vermisst?
- Was hat Ihnen an den Seiten *Vom Alltag ... in den Beruf* (nicht so gut) gefallen?
- Was hat Ihnen an den Übungen (nicht so gut) gefallen?
- Welche Lektion, welcher Text, welche Übung hat Ihnen besonders (weniger) gut gefallen? Warum?
- Welchen Nutzen haben die Seiten *Im Beruf* für Ihre Kommunikation in Beruf und Ausbildung?

Ich hatte ... und ... als Umfragepartner. Meine Partner hatten sich den Sprachkurs so vorgestellt, wie er war. Einer hatte nicht erwartet, dass man die Grammatik so schnell und so leicht lernen könnte. Alle haben Lesetexte vermisst. Es gab welche, aber sie hätten sich mehr gewünscht. Die Hörtexte haben allen gut gefallen, aber die vielen neuen Wörter ...

S. 102 A   Berichten Sie über das Ergebnis Ihrer Umfrage.

2 Eine *AB&C*-Klasse evaluiert ihr Lehrwerk.

a) Hören Sie, ...

1 ... wie der Kursleiter die Aufgabenstellung erklärt.
2 ... welche Antworten an der Aufgabenstellung vorbeigehen.
3 ... welche Teile der Aufgabenstellung nicht klar sind.

b) Machen Sie auch eine solche Evaluierung.

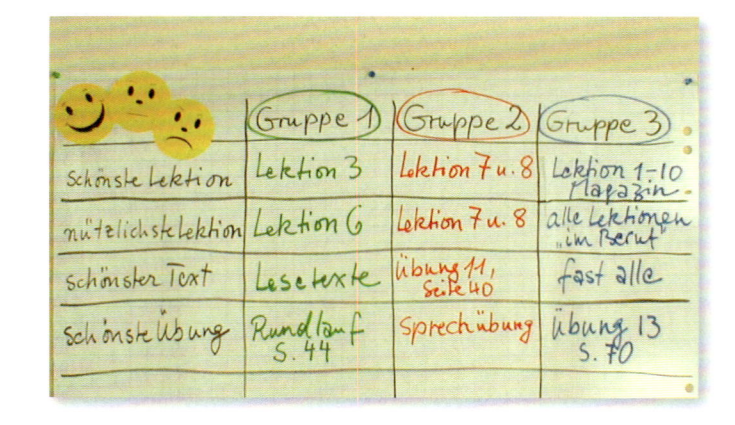

	Gruppe 1	Gruppe 2	Gruppe 3
Schönste Lektion	Lektion 3	Lektion 7 u. 8	Lektion 1-10 Magazin
nützlichste Lektion	Lektion 6	Lektion 7 u. 8	alle Lektionen im Beruf
schönster Text	Lesetexte	Übung 11, Seite 40	fast alle
schönste Übung	Rundlauf S. 44	Sprechübung	Übung 13 S. 70

... in den Beruf

3 Feststellungen

a) Treffen Sie vier bis fünf Feststellungen, indem Sie Elemente miteinander verbinden.

Die Entscheidung,	dass die Gruppenarbeit ausfiel, | dass die Veranstaltung in einen anderen Raum verlegt wurde, | das Seminar wäre pünktlich zu Ende, | die Teilnehmer würden aus unterschiedlichen Branchen kommen, | dass nicht genug Sitzplätze vorhanden wären, | dass jeder sein Handy ausschalten sollte, | es würde genug Zeit für Fragen geben, | dass der Veranstaltungsraum zu klein wäre, | dass die ...	hat mir (nicht) gefallen.
Die Mitteilung,		fand ich gut/schlecht.
Die Behauptung,		hat mich (nicht) überzeugt.
Die Auffassung,		war (un)günstig.
Die Erwartung,		bestand zu Unrecht/Recht.
Die Hoffnung,		hatte ich (nicht) erwartet.
Die Befürchtung,		fand (keine) Zustimmung.
Die Sorge,		wurde (nicht) erfüllt.
Die Tatsache,		ging (nicht) in Erfüllung.

Die Tatsache, dass die Teilnehmer aus unterschiedlichen Branchen kamen, war günstig.
Die Erwartung, es würde genug Zeit für Fragen geben, wurde erfüllt.

Gr. S. 101, 1

b) Schreiben Sie drei Feststellungen und tragen Sie sie vor.

c) Treten Sie mit einem anderen Teilnehmer in einen Meinungsaustausch ein.

● Ich finde, die Befürchtung, dass das Ganze die Teilnahmegebühr nicht wert wäre, bestand zu Unrecht.
▲ Ja, aber die Tatsache, dass die Gruppenarbeit ausfiel, war ungünstig.

4 Manches war gut. Manches war nicht so gut.

Hören Sie das Evaluierungsgespräch. Was finden die Teilnehmerinnen und Teilnehmer sehr gut, gut, akzeptabel, nicht so gut, schlecht?

Eine Dame hatte die Befürchtung, der Referent würde irgendetwas vorlesen.
Sie findet es gut, dass sich diese Befürchtung nicht bestätigt hat.

5 Ihre Meinung, mündlich und schriftlich

Tragen Sie vor, wie es Ihnen gefallen hat.

an einem Fortbildungskurs | an einem Seminar | an einem Sprachkurs | an einer Präsentation | an einer Betriebsführung | ...

Beispiele aus der Praxis | Zeit für Fragen | interessante Texte | viele Übungen | Erfahrungsaustausch | Anschauungsmaterialien | ...

voll und ganz | überwiegend | teilweise | kaum | überhaupt nicht | ...

eine kurzweilige Darbietung | Gruppenarbeit | Organisation | Pünktlichkeit | einen geeigneten Raum | Lehrmaterial | Medien | Betreuung | Arbeitsblätter | Lehrer | Referent | ...

sehr gut | gut | akzeptabel | nicht so gut | schlecht

Ich habe an einem Fortbildungskurs in Waren- und Maschinenkunde teilgenommen. Ich hatte mir Beispiele aus der Praxis und Zeit für Fragen gewünscht. Der Wunsch nach Beispielen aus der Praxis wurde voll und ganz erfüllt. Der Wunsch nach Zeit für Fragen wurde teilweise erfüllt. Außerdem hatte ich eine kurzweilige Darbietung erwartet. Diese Erwartung ging überwiegend in Erfüllung. Insgesamt fand ich die Veranstaltung akzeptabel. Gut fand ich die Beispiele aus der Praxis. Nicht so gut war das Lehrmaterial. Ich habe Gruppenarbeit vermisst. Insgesamt war ich überwiegend zufrieden. Für die Zukunft möchte ich vorschlagen, dass es Gruppenarbeit gibt.

Ich habe an ... teilgenommen. Ich hatte mir ... gewünscht. ...

LEKTION 10

Lektion 10 — Im Beruf

Spaß | Unterhaltung | Überraschungen | Langeweile | eine gute Wiederholung | eine Zusammenfassung | ...

lustig | überraschend | unterhaltsam | komisch | langweilig | überflüssig | ...

mehr Übungen | bessere Grammatikerklärungen | mehr Lesetexte | mehr/längere/kürzere Hörtexte | nicht so viel neues Vokabular | mehr Sprechübungen | mehr Schreibaufgaben | ...

Die Autoren hätten mehr Übungen anbieten sollen.

Mehr Magazinseiten, das wäre schön gewesen.
Meiner Meinung nach hätten die Autoren ... sollen.

6 Wunsch und Wirklichkeit im Unterricht

S. 104 H

- Was hatten Sie sich unter dem **Magazin** vorgestellt?
- Was haben Ihnen die Magazinseiten gebracht?
- Wie fanden Sie das **Magazin**?
- Welche Anregungen haben Sie?

Ich hatte (k)eine klare Vorstellung: ...
Ich hatte mir vorgestellt, dass ...
Das Magazin hat mir ... gebracht.
Meiner Meinung nach war das Magazin ...

Gr. S. 101, 2

7 Vertriebsstrategien – Vertriebserfolge

2, 22

a) Zu welcher Branche gehört die Produktreihe *Amphora* Ihrer Meinung nach?
b) Welche Verkaufsaktionen erwähnen die Teilnehmer?
c) Welche Erfolge hatten sie?
d) Was wissen Sie noch von der Telefonaktion?
e) Wie wurde der größte Verkaufserfolg erzielt?
f) Zwei Teilnehmer haben zwei Objekte verkauft. Wie haben sie das gemacht?
g) Welches Ergebnis erzielte die Teilnehmerin, die ihre Kunden allein in die Ausstellung schickte?
h) Setzen Sie ein:

Vertriebskosten pro Objekt | Stundenlohn | Rabatt | Personal und Sachkosten pro Besichtigung | Handelsumsatz | Nettoertrag pro Besichtigung

_____	€ 9.000,00
15%	€ 1.350,00
_____	€ 300,00
6,7%	€ 600,00
_____	€ 750,00
_____	€ 250,00

Im Beruf

8 **Ist das gut so? Wie wäre es Ihnen lieber gewesen?**

S. 104 I
- Jeder Band von *AB&C* hat etwas Besonderes, was die anderen Bände so nicht haben.
- Die letzten vier Seiten sind Übungen.
- Jede Lektion beginnt mit einer Abbildung, zu der Redemittel gehören.
- Die Redemittel braucht man gleich in der ersten Übung.
- Die Grammatik wird erst im Mittelteil nach dem Hörtext geübt.
- Zu den Übungen gibt es eine CD.

Es war gut, dass ...

Mehr Übungen wären mir lieber gewesen.

Es wäre mir lieber gewesen, wenn es noch mehr Übungen gegeben hätte.

9 **Evaluierungsbericht**

S. 104 J

a) Machen Sie sich Notizen oder kreuzen Sie an, was auf Sie zutrifft.

1. Mit welchen Bänden von *AB&C* haben Sie gearbeitet?
2. Wie fanden Sie die Aufteilung in „Vom Alltag in den Beruf", „Im Beruf" und „Magazin"? ☺ ☺ ☹
3. Wie bewerten Sie die Grammatik? Wie hätte sie sein sollen? ☺ ☺ ☹
4. Welche Meinung haben Sie zu den Sprech- und Schreibübungen? ☺ ☺ ☹
5. Wie hat Ihnen die Übungs-CD gefallen? Wie wäre sie Ihnen lieber gewesen? ☺ ☺ ☹
6. Wie bewerten Sie das Wörterlernheft? Wie hätte es auch sein können? ☺ ☺ ☹
7. Wie fanden Sie die Internet-Übungen? Wie hätten sie sein müssen? ☺ ☺ ☹
8. Welchen Nutzen versprechen Sie sich von *AB&C* für Ihre Ausbildung oder für Ihre Arbeit?
9. Welche Ihrer Erwartungen wurden erfüllt bzw. nicht erfüllt?
10. Was könnte und sollte man an dem Lehrwerk verbessern?

b) Tragen Sie Ihre Evaluierung vor.

S. 105 K

Ich hatte gehofft, dass ich nach dem Sprachkurs in beruflichen Situationen keine sprachlichen Schwierigkeiten mehr haben würde. Ganz so ist es noch nicht.

Die Aufteilung des Lehrwerks in ... war meiner Meinung nach völlig richtig.

Die Übungs-CD war ganz gut, aber die Hörtexte waren zu schnell.

10 **Ihre E-Mail an den Hueber Verlag**

a) Machen Sie einen Textentwurf.

die Länge | der Schwierigkeitsgrad | die Anzahl | der Inhalt | der Aufbau | ...

S. 105 L

die Lektionen | die Übungen | die Hörtexte | die Lesetexte | die Strukturübungen | die Ausspracheübungen | der Praxisbezug | ...

zu lang | zu kurz

zu hoch | zu niedrig | zu schwer |
zu leicht | nicht ... genug |

genau richtig | in Ordnung | ...

hilfreich | nützlich | langweilig |
interessant | überflüssig | ...

An: Kundenservice@hueber.de

Lieber Herr Dr. Becker, lieber Herr Dr. Braunert,

ich habe in der Zeit vom ... bis zum ... mit Alltag, Beruf und Co., Band 6, gearbeitet.
Die Länge der Lektionen war in Ordnung. Den Schwierigkeitsgrad fand ich etwas hoch, besonders in den ersten drei Lektionen. Besonders nützlich waren meiner Meinung nach die Ausspracheübungen. Die Magazine waren immer interessant und lustig. Aber die Anzahl der Übungen war zu gering.

Deshalb empfehle ich Ihnen, zu jedem Band noch ein Übungsheft zu schreiben.

Mit freundlichen Grüßen von Ihrem

b) Tragen Sie einem Kursteilnehmer Ihren Textentwurf vor und hören Sie sich seinen an.

c) Schreiben Sie zu Hause eine E-Mail an den Verlag.
Vielleicht so: →

LEKTION 10   99

Lektion 10 — Magazin

11 Die Vereinfachung der deutschen Sprache in fünf Schritten

Alle Welt sagt, die deutsche Sprache sei schwer. Wir glauben, dass die Grammatik und die Rechtschreibung daran schuld sind. Wir haben die Lösung. Da ist sie:

Deutsch ist eine schwere Sprache.

Englisch auch.

Erster Schritt:
Zunächst schreibt man alle substantive klein und shreibt alle sch-laute als sh. ch vereinfaht man zu h. Das v brauhen wir niht mehr. Es wird zu f oder w. Die werben gebrauhen wir nur noh im infinitif. Die dopelkonsonanten shreiben wir einfah.

Zweiter shrit:
Wen wir jetzt noh artikel und endung substantif und adjektif weglasen, werden es noh einfaher. Wir shraiben ei als ai, eu als oi. Ä und ö ersetzen wir durh e, und ü wird zu i. Jetzt ist doitsh shprah fir auslendish lerner shon sehr fiel ainfaher werden.

Drit shrit:
Buhshtab z fershwinden auh und werden s. Ainfah s sain genug. Und imer wen wir k shprehen, shraiben wir auh k. Iberflisig h hinter wokal wegfalen. Jetst sain al shon fil ainfaher werden.

Firt shrit:
Fir shwirig „–er" in komparatif setsen wir in sukunft ainfah werthen „mer" for adjektif. Das mahen gans sah noh mer laiht. Personalpronomen geben es nur noh in nominatif. Das mahen es inen nemlih fil mer ainfah. So sain es wirklih mer gut.

Finft shrit:
Fir fergangenhait setsen wir „gestern" for werb, und wortstelung wir mahen normal wi in ander shprahe auh. Jetst wir gestern eraihen shon fil fir ferainfahung doitshe shprah. Und? Wi gestern gefalen inen noierung?

Gr. S. 101, 3

a) Shraiben si bite swai oder drai shrit nah alt form. Mal sen, ob si kenen es.
b) Wi man kenen ferainfahen ir shprah? Das get doh beshtimt.
c) In grupenarbait: Was forshlagen si als sekst shrit?

S. 105 M

12 Vom Kundenbetreuer zum Abteilungsleiter

Welche zusammengesetzten Substantive kommen vor? Wie ist das in Ihrer Sprache?

Grammatik

1 Nebensätze am Satzende, am Satzanfang, im Satz

- am Satzende Ich würde mich freuen, **wenn du kommen würdest**.
  Ist das die Dame, **die du meinst**?
  Ich habe mich gefreut, **weil er gekommen ist**.
- am Satzanfang **Wenn du kommst**, freue ich mich.
  Wann er kommt, weiß ich nicht.
  Als er kam, habe ich mich gefreut.
- im Satz Die Frage, **wann er kommt**, kann ich nicht beantworten.
  Die Sorge darüber, **dass er nicht kommen würde**, war unbegründet.
  Ich habe die Dame, **die du meinst**, hier noch nicht gesehen.

2 Konjunktiv II (Irrealis)

Das muss man anders machen. Das **hätte** man anders **machen müssen**.
Du kannst ja auch Herrn Müller mal fragen. Du **hättest** ja auch Herrn Müller mal **fragen können**.
Ihr sollt auf keinen Fall verbindlich zusagen. Ihr **hättet** auf keinen Fall verbindlich **zusagen sollen**.
Diesen Raum dürfen Sie nicht betreten. Diesen Raum **hätten** Sie nicht **betreten dürfen**.

3 ss oder ß

- Nach der neuen Rechtschreibung gibt es ß nur noch nach langen oder doppelten Vokalen, wenn ein weiterer Vokal oder ein t folgt, oder am Wortende.
  Er wei**ß** das. – ein gro**ß**es Haus – ein wei**ß**er Pullover – Viele Grü**ß**e! – drau**ß**en – du wei**ß**t
  In der Schweiz und in Liechtenstein steht statt ß immer ss.

- Nach einem kurzen Vokal steht ss, wenn ein weiterer Vokal oder ein t folgt oder am Wortende.
  Er i**ss**t etwas. – wi**ss**en – Er mu**ss**te/mu**ss** gut aufpa**ss**en. – Er lä**ss**t das. (Aber: Er lie**ß** das.)

- Achtung: *das – dass; ist – isst* (Die Aussprache ist jeweils gleich.)
  Ich weiß, da**ss** er da**s** nicht i**ss**t, weil er krank i**s**t.
  Ich weiß, da**ss** du da**s** oft i**ss**t. Aber was i**s**t denn da**s**, was du da i**ss**t?

Wichtige Wörter und Wendungen

vieles, manches, alles, einiges

Ich hätte	vieles / manches / alles / einiges	anders gemacht.

Mit	vielem / manchem / allem / einigem	bin ich nämlich nicht einverstanden.

Für	vieles / manches / alles / einiges	habe ich Verständnis.

Aber man kann bei	vielem / manchem / allem / einigem	auch anderer Meinung sein.

verstehen unter ... / bezeichnen als ... / sich vorstellen als/wie ...

Unter einem Mountainbike **verstehe** ich ein Sportgerät.
Ein Mountainbike würde ich **als** ein Sportgerät **bezeichnen**.
Einen Sportwagen **stelle** ich **mir wie** ein teures, schnelles und überflüssiges Spielzeug **vor**.

Lektion 10 — Übungen

A Nomen und Verben

Kreuzen Sie das Verb an, das zum Nomen passt.

1	Erwartungen	ausfüllen	erfüllen	füllen	voll machen
2	Erklärungen	aufstellen	verlieren	abgeben	anfragen
3	eine Prüfung	abhängen	bestehen	entstehen	treffen
4	seinen Standpunkt	darlegen	ablegen	angeben	äußern
5	seine Meinung	sprechen	erzählen	äußern	überzeugen
6	eine Zahl	ergänzen	einteilen	ausfüllen	eintragen
7	Befürchtungen	verteilen	ansagen	äußern	vorstellen

B Satzmelodie: *Der Kurs ist zu Ende.*

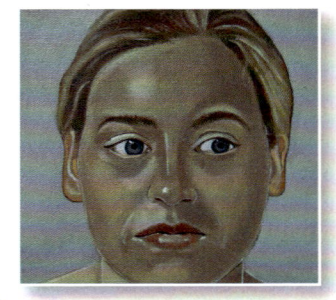

a) Machen Sie bis zu drei Kreuze. Ist die Person …
b) Lesen Sie laut und mit der passenden Melodie.

Oh. Der Kurs ist zu Ende.
Oh. Der Kurs ist zu Ende. Morgen schon.
Oh. Der Kurs ist zu Ende. Morgen schon. Dann ist ja alles schon fertig.

c) Hören Sie zu. Sprechen Sie noch nicht.
d) Sprechen Sie nach.

- besorgt?
- froh?
- traurig?
- ärgerlich?
- ungeduldig?
- lustig?
- skeptisch?
- begeistert?

C Hören und sprechen

● Was hattest du erwartet?
▲ Ich hatte keine besondere Erwartung.

D Herr Liebhold und die anderen

Schreiben Sie wie im Beispiel.

a) Herr Liebhold meinte, das hätte man anders machen müssen. Das stieß auf Widerspruch.

Herrn Liebholds Meinung, das hätte man anders machen müssen, stieß auf Widerspruch.

b) Herr Liebhold fragte, wie lange das noch dauern würde. Darauf hatten wir keine Antwort.

Auf Herrn Liebholds Frage, _____

c) Herr Liebhold schlug vor, noch einmal von vorne anzufangen. Damit hatte niemand gerechnet.

d) Herr Liebhold befürchtete, der Fehler sei bei uns passiert. Das hat sich leider bestätigt.

e) Herr Liebhold erklärte, wie das alles passiert sei. Darüber gab es unterschiedliche Meinungen.

f) _____

Zu Herrn Liebholds Behauptung, alles sei falsch gelaufen, gab es viel Zustimmung.

g) _____

Über Herrn Liebholds Idee, man müsse Herrn Rebholz fragen, wurde viel gelacht.

Übungen

E   Aber niemand ...

a) Ordnen Sie zu.

A   Ihr habt gesagt, der Fehler sei in der Montage passiert.
B   Sie will Abteilungsleiterin werden.
C   Clara meinte, wir würden den Auftrag nicht bekommen.
D   Wir sollen in die dritte Etage umziehen.
E   Wir haben im vergangenen Jahr praktisch nichts verdient.
F   Man sagt hinter vorgehaltener Hand, unser Firmensitz würde ins Ausland verlegt.
G   Frau Dorian ist der Meinung, wir müssten auf unsere Auslandsniederlassung verzichten.

1   Aber niemand hat ihre Befürchtung für begründet gehalten.
2   Aber niemand findet diese Tatsache schlimm.
3   Aber niemand teilt ihren Standpunkt.
4   Aber niemand gibt dieser Hoffnung eine Chance.
5   Aber niemand von uns will sich an dieser Aktion beteiligen.
6   Aber niemand hat eure Behauptung für richtig gehalten.
7   Aber niemand glaubt an dieses Gerücht.

b) Notieren Sie sich Stichwörter zu den Sätzen A – G und tragen Sie Ihre Zuordnungen nur mithilfe Ihrer Stichwörter vor.
   A: Fehler – Montage;   6: Behauptung nicht richtig

Ihr habt behauptet, der Fehler sei in der Montage passiert. Aber niemand hat eure Behauptung für richtig gehalten.

F   Setzen Sie ein: *vieles, einiges, manches, alles*

manchem | Einiges | alles | vieles | allem | anderem | einigem

Frau Berger hat _____ von dem gesagt, was wir alle denken. Nicht _____ war richtig. Aber mit _____ hatte sie sicherlich recht. Von _____ bin ich überzeugt, von _____ weniger. _____ muss man sich noch einmal durch den Kopf gehen lassen. Man ist nie mit _____ einverstanden.

G   Gesprächsthema: Ideen, Zustimmung, Einwände

Hören Sie sich den Musterdialog an. Sprechen Sie zu zweit oder schreiben Sie Dialoge wie im Beispiel.

- Was halten Sie davon, dass Frau Sanka die Sache übernimmt?
- Ich empfehle, einen Beschwerdebrief zu schreiben.
- Was haltet ihr davon, ein Fehlerprotokoll zu erstellen?

- mal eine Nacht darüber schlafen.
- noch mal ganz von vorne anfangen.
- eine Fehleranalyse machen.
- mal im Internet nachsehen.

- dass wir nicht rechtzeitig fertig werden.
- dass es noch lange dauert.
- dass das alles zu teuer wird.
- dass die anderen es auch nicht besser machen.

■ So geht es nicht weiter. *Ich schlage vor, einen Fachmann zu holen.*

● Also, ich weiß nicht. *Das hilft uns bestimmt auch nicht weiter.*

■ Aber wir könnten doch *die ganze Sache erst mal liegen lassen.*

● Da bin ich anderer Meinung. *So viel Zeit haben wir nicht mehr.*

■ Ich befürchte nur, *dass wir auf dem falschen Weg sind.*

● Ich meine, so kann man das nicht sagen.

- So etwas haben wir noch nie gemacht.
- Da habe ich aber meine Zweifel.
- Das haben wir schon so oft probiert.
- Das passiert doch nicht zum ersten Mal.

- Der Chef will morgen unsere Ergebnisse sehen.
- Wir müssen an unseren Erfolg glauben.
- Solche Krisen sind nichts Besonderes.

- wir haben noch gute Chancen.
- das hat alles keinen Zweck.
- wir sind schon ganz nah dran.
- es fehlt nicht mehr viel.
- andere hätten es auch nicht besser gemacht.

LEKTION 10   103

Lektion 10 — Übungen

H Vorstellung, Verständnis, Bezeichnung

a) Wie stellen Sie sich ein Cityrad im Unterschied zu einem Mountainbike vor?

~~Beleuchtung~~ | Gepäckträger | Schutzbleche | leicht | gute Schaltung | elegant | nicht ganz billig | ...

Ich stelle mir vor, dass ein Cityrad eine Beleuchtung hat. Ein Mountainbike stelle ich mir ohne Beleuchtung vor ...

b) Was verstehen Sie unter einem Besserwisser, einem Alleskönner, einem Tunichtgut, einem Möchtegern ...?

Unter einem Besserwisser verstehe ich eine Person, die alles besser wissen will, aber nicht alles besser weiß. Unter einem ...

c) Als was bezeichnen Sie manchmal Ihren Computer, Ihr Handy, Ihren Chef, Ihre Nachbarn ...?

Meinen Computer bezeichne ich manchmal als alte Kiste, wenn er nicht will, wie ich will. Mein Handy ...

I Was wäre Ihnen lieber gewesen? Was wäre Ihnen nicht so lieb gewesen?

zehn oder null Fehler | Preis € 60,00 oder € 99,99 | eine pünktliche Ankunft oder Verspätung | 20 oder 30 Besucher | ein Lob oder mehr Geld | ein Anruf oder ein persönlicher Besuch | ein Lehrwerk mit Sprechübungen oder ohne | ...

Null Fehler wäre mir lieber gewesen.
Es wäre mir lieber gewesen, wenn ich null Fehler gemacht hätte.
Es wäre mir nicht so lieb gewesen, wenn ...

J „Expertenvorträge" halten und „Fachtexte" schreiben, kinderleicht!

a) Halten Sie einen „Fachvortrag" oder schreiben Sie einen „Fachtext" über die Kundenbefragung.

	A	B
unter A versteht man B	Kundenbefragung	aktive Gewinnung von Kundenmeinungen
A bezieht sich auf B	Kundenmeinungen	1. Qualität der Leistung 2. Wünsche und Bedürfnisse
für A ist B zuständig	Kundenmeinungen über die Qualität der Leistung	Qualitätsmanagement
für A ist B zuständig	Kundenwünsche und Kundenbedürfnisse	Produktentwicklung
A führt zu B	unzureichende Kenntnis der Kundenmeinungen	Zunahme der Beschwerdefälle
A ruft B hervor	1. Qualitätsmängel 2. nicht erfüllte Kundenwünsche und -bedürfnisse	Beschwerden

Unter einer Kundenbefragung versteht man die aktive Gewinnung von Kundenmeinungen. Die ...

Wenn wir wissen wollen, ob der Kunde zufrieden ist, dann können wir in zwei Richtungen fragen. Wir können ihn fragen, wie gut er das findet, was er bei uns bekommt. Wir können ihn aber auch fragen, was er gern gehabt hätte und wie es hätte sein müssen, damit wir wissen, was wir in Zukunft anbieten. Durch die Antwort auf die erste Frage erfahren wir, wie gut oder schlecht wir es machen. Die Antwort auf die zweite Frage sagt uns, wie und in welche Richtung wir uns entwickeln müssen. Wenn wir nicht wissen, was der Kunde von uns will und wie er uns findet, dann nimmt natürlich die Kritik zu. Der Kunde beschwert sich nicht nur, wenn etwas nicht in Ordnung ist. Er beschwert sich auch, wenn er das, was er gern gehabt hätte, bei uns nicht bekommen hat.

b) Welche Stellen in Ihrem Fachtext oder Fachvortrag passen zu welchen Stellen in dem Text rechts?

Übungen

K Hören und sprechen
● Hat der Referent die Zeit gut eingeteilt?
▲ Die Zeiteinteilung war völlig in Ordnung.

L Eine E-Mail

Setzen Sie die Endungen ein.

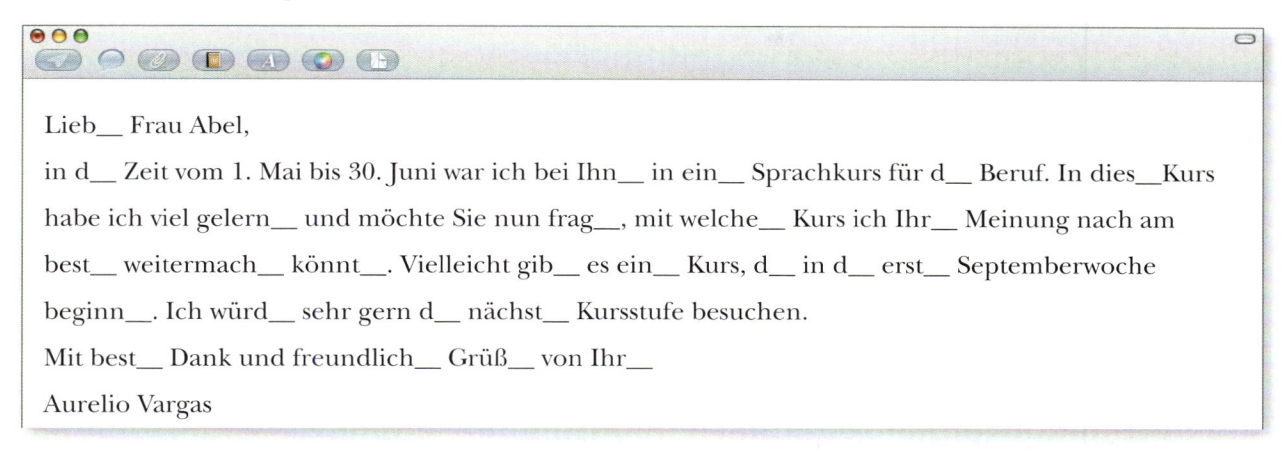

Lieb__ Frau Abel,

in d__ Zeit vom 1. Mai bis 30. Juni war ich bei Ihn__ in ein__ Sprachkurs für d__ Beruf. In dies__ Kurs habe ich viel gelern__ und möchte Sie nun frag__, mit welche__ Kurs ich Ihr__ Meinung nach am best__ weitermach__ könnt__. Vielleicht gib__ es ein__ Kurs, d__ in d__ erst__ Septemberwoche beginn__. Ich würd__ sehr gern d__ nächst__ Kursstufe besuchen.

Mit best__ Dank und freundlich__ Grüß__ von Ihr__

Aurelio Vargas

M Das Eszett (ß)

Lesen Sie nur die markierten Textteile. Tragen Sie A, B oder C ein.

1 Das ß wird als Kleinbuchstabe des deutschen Alphabets ...
2 Das Eszett wird manchmal auch als Rucksack-S ...
3 In der Schweiz und in Liechtenstein wurde das ß seit 1906 immer seltener als Schriftzeichen ...
4 Als letzte schweizerische Zeitung hat die Neue Zürcher Zeitung das ß ...
5 In der Schweiz wird das ß heute als überflüssige deutsche Sprachkuriosität ...
6 In den deutschsprachigen Gebieten von Belgien, Dänemark und Italien wird das ß so wie in Deutschland ...
7 Auch in Österreich und in Luxemburg wird das ß als regulärer Buchstabe ...
8 In den Niederlanden wird das ß als Ringel-S ...
9 In den angelsächsischen Ländern wird das ß als Schriftzeichen nicht ... Es wird dort als „German-B" ...

A abgeschafft.
B bezeichnet.
C benutzt.

Gr. S.101, 3

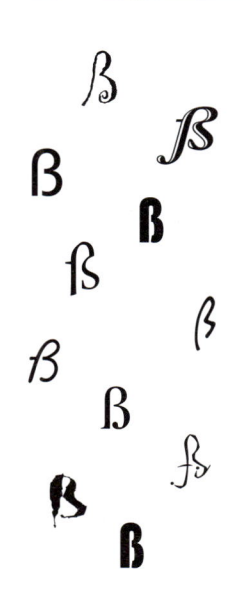

Das ß (gesprochen Eszett oder scharfes S) ist ein Kleinbuchstabe des deutschen Alphabets. Es dient zur Darstellung des stimmlosen s-Lautes. Gelegentlich wird es auch als „Straßen-S", „Rucksack-S" oder „Doppel-S" (Schweiz) bezeichnet.

In der Schweiz und in Liechtenstein wurde das ß seit 1906 schrittweise abgeschafft. So entschied die Erziehungsdirektion des Kantons Zürich, das ß vom 1. Januar 1938 an in den kantonalen Volksschulen nicht mehr zu lehren. Als letzte schweizerische Tageszeitung beschloss die Neue Zürcher Zeitung, ab dem 4. November 1974 auf das ß zu verzichten. Mit der Rechtschreibreform von 2006 wurde es auch offiziell abgeschafft. Anstelle von ß wird in der Schweiz immer ss geschrieben. Das „Eszett" wird in der Schweiz heute als überflüssige deutsche Sprachkuriosität angesehen. In den deutschsprachigen Gebieten von Belgien, Dänemark (Nordschleswig) und Italien (Südtirol) gelten die gleichen ß-Regeln wie in Deutschland, Österreich und Luxemburg.

Obwohl der Buchstabe im Niederländischen nicht benutzt wird, hat er dort einen eigenen Namen: Ringel-S. Im englischen Sprachraum, in dessen Alphabet der Buchstabe nicht vorkommt, wird das ß bei manchen wegen seiner Form umgangssprachlich als „German B" (deutsches B) bezeichnet. Gelegentlich wird er auch mit dem griechischen Buchstaben β (beta) verwechselt.

LEKTION 10   105

Abschlusstest

Der folgende Test entspricht der Prüfung *telc Deutsch B1+ Beruf*. Er verlangt mindestens Kenntnisse auf der Stufe B1 des Gemeinsamen Europäischen Referenzrahmens. Diese Kenntnisse haben Sie nach Abschluss von *AB&C*, Band 6.

1 Lesen

Teil 1

Wie lautet der Betreff / das Thema der Schreiben 1–5?
Tragen Sie die Nummer ein.

A Tagesordnung
B Absage
C Entschuldigungsschreiben
D Schadensmeldung
E Terminverschiebung
F Beförderung
G Bedienungsanleitung
H Kundeninformation
I Protokoll
J Bestellung

1

_____?_____ der Wochenbesprechung, 02.06.

Anwesend: Abt.ltg., Herr Lang, Frau Weiß, Frau Mackensen

1. Während der Urlaubszeit übernimmt Kollege Zuckermann die Aufgaben von Frau Weiß.
2. Am 04.06. wird im Versand die neue Telefonanlage installiert. Die Abteilungsleitung sorgt dafür, dass alle Mitarbeiter über Mobiltelefon erreichbar sind.
3. Herr Lang berichtet über das Gespräch mit den neuen

2

_____?_____

Unser Kollege Heiner Müzenich, langjähriger Mitarbeiter des Testlabors in unserem Werk, übernimmt im kommenden Monat die Leitung der Forschung und Entwicklung in der Hauptniederlassung. Für seinen neuen Tätigkeitsbereich wünschen wir ihm alles Gute und viel Erfolg.

Betriebsleitung

3

_____?_____

Sehr geehrte Frau Ziethelmann,

zu meinem Bedauern muss ich Ihnen mitteilen, dass ich das Referat auf Ihrer Fortbildungsveranstaltung nicht wie vereinbart halten kann. Leider gibt es einen schweren Krankheitsfall in meiner Familie, der meine Anwesenheit erfordert. Ich bitte um Ihr Verständnis.

Mit freundlichen Grüßen

4

_____?_____, 12.11.

Während der letzten Nachtschicht wurde festgestellt, dass Pumpe 3 an der Filteranlage nicht ordnungsgemäß arbeitet. Wahrscheinlich ist die Pumpe defekt. Schichtleiter Frühschicht: Bitte umgehend den Wartungsdienst benachrichtigen.

Kolb

Schichtleiter

5

_____?_____ für die Tagung am 12.09. d. J.

Liebe Kolleginnen und Kollegen,

wir können Ihnen heute den Ablauf unserer Jahrestagung am 12. September mitteilen:

09.00–09.15 Uhr	Begrüßung und Vorstellung
09.15–10.30 Uhr	Berichte aus den Regionen
10.30–11.00 Uhr	Bericht der Geschäftsführung
11.00–12.00 Uhr	Diskussion
12.00–13.30 Uhr	gemeinsames Mittagessen
13.30–14.30 Uhr	Arbeitsgruppen
14.30–16.00 Uhr	Vortrag der Arbeitsgruppen
16.00–17.00 Uhr	Beschlüsse
ab 17.30 Uhr	Verabschiedung, Abreise

Punkte: 5 x 5 = _____ von 25

Abschlusstest

Teil 2

Suchen Sie die Lösungen der Aufgaben 6–10 im unten stehenden Schreiben. Kreuzen Sie A, B oder C an.

6 Herr Cucznir
A steht am Anfang seines Aufenthalts in Stuttgart.
B steht am Ende seines Aufenthalts in Stuttgart.
C bereitet seinen Aufenthalt in Stuttgart vor.

7 Er kommt
A allein.
B zusammen mit einem Kollegen.
C mit einer Gruppe.

8 Die Gäste
A verbringen die ganze Zeit im Hotel.
B kommen zu einem Besichtigungsprogramm.
C wollen auch einen Ausflug machen.

9 Herr Cucznir
A bittet um ein Angebot.
B bucht den Seminarraum.
C reklamiert die Qualität der Zimmer.

10 Er fragt an, ob
A das Hotel einen eigenen Bus hat.
B das Hotel geeignete Arbeitsräume hat.
C das Hotel ein Frühstücksbüfett anbietet.

Punkte: 5 x 5 = ___ von 25

Karel Cucznir
z. Zt. Schlüsselgasse 15
70388 Stuttgart

Jugendhotel ADLER
Am Waldblick 3
85541 Breitenheim

Aufenthalt in Ihrem Hotel   29.03.13

Sehr geehrte Damen und Herren,

wir sind eine Gruppe von Nachwuchskräften aus verschiedenen Ländern der EU, die in den vergangenen Monaten Praktika in deutschen Firmen und Institutionen absolviert haben. Unser Abschlussseminar vom 21.04.2013 (Anreise abends) bis 26.04.2013 (Abreise nachmittags) möchten wir gern in schöner landschaftlicher Umgebung verbringen. So sind wir auf Ihr Hotel gestoßen, das unseren Vorstellungen gut entspricht.

Wir sind einschließlich unserer Seminarleiterin 16 Personen. Neben Einzelzimmern mit Dusche benötigen wir einen Seminarraum für unsere Gruppe, der auch mit einer Tafel, einem Tageslichtprojektor und einem Beamer ausgestattet ist und zusätzlich noch Platz für Pinnwände bietet, die die Seminarleiterin selbst mitbringt. Dieser Raum müsste uns auch abends zur Verfügung stehen. An Verpflegung wünschen wir uns Vollpension; am Ausflugstag und am Abreisetag nur Halbpension, am Anreisetag keine Verpflegung.

An einem der Tage würden wir gern in die Berge fahren. Könnten Sie uns dafür ein Busunternehmen vermitteln?

Wir würden uns freuen, wenn Sie uns ein Pauschalangebot sowie einige Informationen über die Lage Ihres Hotels und über Breitenheim und seine Umgebung zusenden könnten.

Mit freundlichen Grüßen

Pavel Cucznir

Abschlusstest

Teil 3

Finden Sie für die Situationen 11–20 die richtige Anzeige. Tragen Sie den passenden Buchstaben ein. Finden Sie keine passende Anzeige, markieren Sie mit ✗.

11 Sie suchen einen Kurs, in dem Sie Ihre PC-Kenntnisse verbessern können.
12 Sie sind Ingenieur und müssen sich mit ausländischen Fachpartnern verständigen.
13 Für eine Fortbildung suchen Sie nach einem passenden Tagungshotel.
14 Sie interessieren sich für eine Stelle als Einzelhandelskaufmann.
15 Sie möchten einen Getränkehandel eröffnen. Dafür suchen Sie Geschäftsräume.
16 Sie suchen ein möbliertes Zimmer für einen beruflichen Kurzaufenthalt.
17 Ihre Gebäudereinigungsfirma sucht neue Aufträge.
18 Für den neuen Vertriebschef und seine Familie suchen Sie eine Unterkunft.
19 Sie suchen ein Unternehmen, das Ihre Büros reinigt.
20 Für eine zweitägige Dienstreise benötigen Sie ein flexibles Verkehrsmittel.

Punkte: 10 x 2,5 = _____ von 25

A **Partnerunternehmen gesucht** für Glas- und Außenanlagenreinigung von Gewerbeobjekten im Postleitzahlbereich 53 und 54.
Wienholt Gebäudemanagement
Knoll@wienholt.de

B Für einen leitenden Angestellten suchen wir
Haus oder Wohnung
in gehobener Wohnlage ab 120 qm, ca. 1.000 Euro
Angebote an: Faun GmbH, Frau Renk, 060/592-832

C **LINGA** Erfolg im Beruf mit Fremdsprachen
• Englisch • Korrespondenz
• Französisch • Verhandeln
• Spanisch • technische Fachsprachen
• Russisch
in Kleingruppen

D *Mich können Sie mieten.*
28 Euro pro Tag, keine Kilometerbegrenzung
www.easycar.com

E **Sie möchten Ihre Arbeitszeit selbst einteilen? Sie haben einen Pkw und einen PC?**
Wir bieten Ihnen Verdienstmöglichkeiten als Betreuer unserer Kunden im Raum Stuttgart.
0711 738421

F **Seminarmanagement nach Maß:** Gruppen von 10 bis 100 Teilnehmer, Plenar- und Gruppenarbeitsräume, modernste Seminartechnik, Seminarassistenz, Freizeitprogramme
Hotel Residenz am See
Unsere Frau Staiger berät Sie gern.

G **City-Reisebüro**
Firmenreisen – Flugreisen – Bahnreisen – Gruppenreisen – Flughafen-Transfer – Taxi-Service – Last-Minute-Angebote
www.city-reisen.com

H Zu vermieten: Ladengeschäft im Erdgeschoss mit Lager und Büro in sehr guter Geschäftslage (416 m²), zum Beispiel für Obst-/Gemüse-/Lebensmittelhandel, Wohnung im Obergeschoss.
Besichtigungstermine: Volksbank, 06728/812-117

I *Auf Du und Du mit dem PC?*
Textverarbeitung – Tabellenkalkulation – Präsentation – E-Mail • • • Einzel-, Gruppen-, Firmentraining
Für individuelle Beratung wenden Sie sich bitte an Frau Klein.

J *Hotel Kupferberg Plaza*
Exklusive Business-Suiten
Empfänge • festliche Bankette
private und betriebliche Feiern
Fragen Sie auch nach unseren Sommer-Specials.

K *Ärger mit dem Computer?*
Wir helfen mit Rat und Tat: Reparatur, Datensicherung, Netzwerke, Web-Design, Hard- und Software
Systemhaus SysSoft

L **Wir suchen** freundliches und engagiertes Personal für unsere Verkaufsstellen in Voll- und Teilzeit. Poln. und russ. Sprachkenntnisse sind von Vorteil. Schriftliche Bewerbungen an: Hohenwald KG, Postfach 2024, 52801 Brohl

Abschlusstest

2 Sprachbausteine (Strukturen/Wortschatz)

Teil 1

Sehr geehrte Frau Zabel,

hiermit bestätige ich Ihnen den heute __21__ vereinbarten Termin am __22__ Montag, dem 03.04. Wie besprochen, __23__ ich von Herrn Kahl aus unserer Kundendienstabteilung begleitet, __24__ mit seiner Hilfe alle Fragen zu __25__ Einzelheiten zu beantworten. Wir __26__ pünktlich um 10.30 Uhr bei __27__ sein.

In der Anlage finden Sie noch einige neuere Testberichte __28__ unsere Anlagen zu Ihrer Information. __29__ Sie vorab noch Fragen __30__, stehe ich Ihnen natürlich jederzeit zur Verfügung.

Mit freundlichen Grüßen

Was gehört in die Lücken? Kreuzen Sie A, B oder C an.

21	A telefonisch	B telefonische	C telefoniert
22	A gekommenen	B nächstem	C kommenden
23	A wird	B werden	C werde
24	A damit	B um	C sodass
25	A technischen	B technische	C technisch
26	A werden	B geworden	C würdet
27	A Ihr	B Ihnen	C euch
28	A von	B über	C wegen
29	A Während	B Ob	C Falls
30	A haben sollten	B sollen haben	C sollen hat

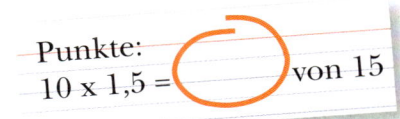

Punkte: 10 x 1,5 = von 15

Teil 2

Schreiben Sie den passenden Buchstaben (A–O) in die Lücken.

A Angebot
B beabsichtigt
C Geschäft
D als auch
E Auftrag
F leistungsfähig
G Niederlassung
H Rabatt
I zu modern
J schlage vor
K sondern auch
L Unterlagen
M Auftraggeber
N Unternehmen
O vermutet

Punkte: 10 x 1,5 = von 15

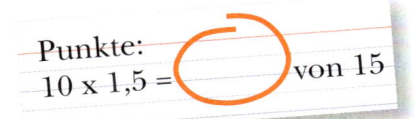

Bericht von Außendienst-Mitarbeiter Bröhler, **Gespräch** mit Frau Brock, Stegmann GmbH

Die Stegmann GmbH ist ein mittelständisches __31:__ der Bauindustrie mit je einer __32:__ in der Schweiz, in Österreich und in Luxemburg. Die Mitarbeiter müssen große Mengen von technischen __33:__ an die eigenen Niederlassungen, aber auch an __34:__ und andere Partner schicken. Die alten Rechner sind dazu nicht mehr __35:__ genug. Stegmann __36:__, bis zu 30 neue Terminals zu kaufen. Ich __37:__, nicht nur den üblichen __38:__ von 5 Prozent zu gewähren, __39:__ attraktive Serviceleistungen anzubieten, damit Stegmann uns diesen interessanten __40:__ erteilt.

3 Hören

Teil 1

Sie hören die Aussagen von fünf Personen einmal. Entscheiden Sie beim Hören, ob die Aussagen 41–45 richtig (+) oder falsch (–) sind. Lesen Sie jetzt die fünf Aussagen. Sie haben 30 Sekunden Zeit.

41 Sebastian Knauf ist bereit, zusätzliche Aufgaben zu übernehmen.
42 Klara Engholm bietet keine Lösung an.
43 Tayip Kurnas ist im Juli ein paar Tage dienstlich abwesend.
44 Karl Tschöpe kann die Aufgaben des Außendienstleiters übernehmen.
45 Anna Koslowski würde Kundenbesuche lieber mit erfahrenen Mitarbeitern machen.

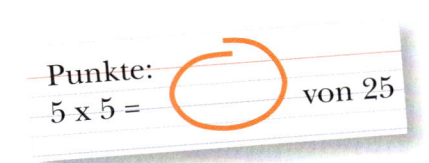

Punkte: 5 x 5 = von 25

Abschlusstest

Teil 2

Sie hören ein Gespräch zweimal. Entscheiden Sie beim Hören, ob die Aussagen 46–55 richtig (+) oder falsch (–) sind. Lesen Sie jetzt die zehn Aussagen. Sie haben dafür eine Minute Zeit.

46 Die Sperling GmbH sucht einen Maschinenbautechniker.
47 Die Stellenanzeige stand in der Zeitung.
48 Frau Endemann hat den Namen des Anrufers nicht gleich verstanden.
49 Herr Tiedke will Herrn Siegel zum 1. Januar einstellen.
50 Herr Siegel kann seine Stelle erst nach dem 31.12. wechseln.
51 Thomas Siegel leitet zurzeit eine Projektgruppe.
52 Er sucht eine neue Stelle, weil er mit seiner Arbeit unzufrieden ist.
53 Er möchte neue Berufserfahrungen sammeln.
54 Er hat sehr gute Englisch- und Französisch-Kenntnisse.
55 Herr Tiedke ist ein alter Bekannter von Herrn Siegel.

Punkte: 10 x 2,5 = ___ von 25

Teil 3

Sie hören fünf kurze Aussagen jeweils zweimal. Entscheiden Sie beim Hören, ob die Aussagen 56–60 richtig (+) oder falsch (–) sind. Lesen Sie jetzt die Aussage 56.

56 Die Verhandlungen wurden erfolglos abgebrochen.
57 Die Teilnehmer sollen ihr Gepäck aus den Zimmern holen.
58 Der Termin in Luzern kann nicht stattfinden.
59 Die Feuerwehr löscht ein Feuer im Parkhaus.
60 Es gibt Änderungen beim Abflug.

Punkte: 5 x 5 = ___ von 25

4 Schreiben

Teil 1

Schreiben Sie ein Angebot an die Firma Baustoffe Schober & Co.

Sie verfügen über eine Lagerhalle, in der noch viel Platz ist. Informieren Sie den Interessenten über folgende Punkte:

- Größe
- Lage
- Mietpreis
- Gabelstapler
- Lkw-Zufahrt

Kleines Lager gesucht

zum Zwischenlagern von Baustoffen, freie Zufahrt mit Lkw, Mitbenutzung bei einem Transport wäre von Vorteil. Gabelstapler sollte vorhanden und vom Mieter mitbenutzbar sein.

Angebote an: Baustoffe Schober & Co.
               Industriestr. 14
               CH-4061 Mülhausen

Vergessen Sie nicht den Absender, das Datum, den Betreff, die Anrede und die Grußformel.

Punkte: ___ von 45

5 Sprechen

Teil 1: Kontaktaufnahme

Fragen Sie Ihren Partner nach Angaben zu seiner Person, zum Beispiel:

- Name
- Herkunft
- Wohnort
- Auslandsaufenthalte/Auslandsreisen
- Beruf
- Tätigkeit
- Familienstand
- Sprachkenntnisse
- …

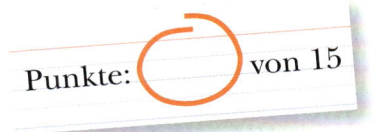

Punkte: _____ von 15

Teil 2: Gespräch über ein Thema

Sie haben ein Interview zum Thema „Fahrt zur Arbeit" gelesen. Berichten Sie Ihrem Partner, was Sie gelesen haben. Ihr Partner hat zum selben Thema andere Informationen und berichtet auch darüber. Unterhalten Sie sich danach über das Thema. Erzählen Sie von persönlichen Erfahrungen, stellen Sie Fragen und reagieren Sie auf die Fragen Ihrer Partnerin bzw. Ihres Partners.

Partner A

Ich fahre die 20 km in die Firma mit dem Auto. Das schaffe ich in 20 Minuten. Klar, manchmal stehe ich im Stau, und dann dauert es bis zu 45 Minuten. Aber ich müsste dreimal umsteigen, wenn ich Bus und Zug benutzen würde.

Partner B

Ich fahre die 20 km mit der Bahn. Das dauert etwas über eine halbe Stunde, aber nie länger. Da kann ich unterwegs Zeitung lesen, etwas arbeiten oder noch ein bisschen schlafen. Das ist nicht nur komfortabler, sondern auch billiger als mit dem Auto.

Punkte: _____ von 30

Teil 3: Gemeinsam eine Aufgabe lösen

Sie arbeiten mit Ihrem Partner in einem Versandhaus für Bürobedarf. In letzter Zeit beschweren sich häufig Kunden über verspätete und falsche Lieferungen. Überlegen Sie, wie es zu den Fehlern gekommen sein könnte. Machen Sie Vorschläge, wie man die Fehler beheben kann.

- Welche Ursachen könnten die Fehler haben?
- Mit welchen Mitarbeitern sollte man sprechen?
- Was muss überprüft werden?
- Welche Maßnahmen kann man ergreifen?
- Wie kann man auf die Beschwerden reagieren?
- …

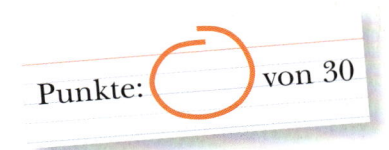

Punkte: _____ von 30

Ergebnis: _____ von 300 Punkten : 3 = _____ von 100

Glossar

A
Abakus der 40
Abbau der 49, 53
ab.bauen A 47, 49, 54
ab.brechen A, bricht ab, brach ab, hat abgebrochen 62, 84
Abbruch der Abbrüche 84
ab.decken: Seine Qualifikation deckt das ganze Anforderungsspektrum ab. 13, 47, 52
ab.decken (den Boden mit einer Plane) 46, 52, 53
Abdeckplane die -n 46, 52
Abfall der Abfälle 33
ab.fliegen, fliegt ab, flog ab, ist abgeflogen 73
ab.führen (Beiträge) 67, 72
abgenutzt 36
Abgeordnete der/die -n 6
abgesichert sein 69
ab.gewöhnen sich A 69
ab.haken A 86, 87, 92
ab.hängen von D, hängt ab, hing ab, hat abgehangen 44, 95
Abklebeband das -bänder 46
ab.kleben A 46, 52
ab.legen (eine Prüfung) 102
ab.legen: Bitte legen Sie ab. 15
ab.lehnen A 13, 18, 89
ab.lösen (Tapete von der Wand) 46
Ablöser der 46
ab.messen A, misst ab, maß ab, hat abgemessen 53
Abnahme (technische Abnahme) die -n 49
ab.nehmen D A, nimmt ab, nahm ab, hat abgenommen 39, 45, 62
ab.rufen (eine Lieferung), ruft ab, rief ab, hat abgerufen 35, 47
Abs. (= Absatz) 35
Absatz der Absätze 58, 95
ab.schaffen 105
ab.schicken A 25, 53
ab.schleppen (ein Auto) 90
ab.schließen (einen Vertrag), schließt ab, schloss ab, hat abgeschlossen 32, 68, 69, 70, 74
Abschluss (Vertragsabschluss) der Abschlüsse 27
Abschnitt der -e 35
ab.schrauben A 46, 52
Abschreibung die -en 59
Absender/-in der/die -/-nen 25
Absicherung die 27, 32
Absicht die -en 45, 55
ab.sinken, sinkt ab, sank ab, ist abgesunken 60
Abstand der Abstände 60, 64
ab.stellen A WO 52, 90
ab.warten 47, 53, 55
ab.weichen von D, weicht ab, wich ab, ist abgewichen 87
Abwesende der/die -n 76
Abwesenheit die 85
ab.wickeln (einen Auftrag) 47, 87

Abwicklung die 35, 49
ab.ziehen (einen Betrag), zieht ab, zog ab, hat abgezogen 72
Abzug (vom Lohn/Gehalt) der Abzüge 72
achten auf A 10, 33
Adressat/-in der/die -en/-nen 24
adressieren A an A 24
Afghanistan 26
AG (= *Aktiengesellschaft*) die -s 58
Agentur die -en 29
Ägypter/-in der/die -/-nen 34
ähnlich 88
Ahnung die: Ich habe keine Ahnung. 15, 83
akquirieren A 89
Aktie die -n 59
Aktion die -en 17, 39, 58, 98
aktualisieren A 78
akustisch 65
akzeptabel 85, 97
AL (= *Abteilungsleiter*) der 10
Alarmanlage die -n 54
Albanien 26
alkoholfrei 23
All das (Weltall) 30
allerdings 30, 80
Alleskönner/-in der/die -/-nen 104
Alphabet das -e 105
Alptraum der -träume 30
Altenheim das -e 13
Alternative die -n 37, 39, 42
Aluminiumprofil das -e 48
Ambulanz die -en 66
Amtsbezirk der -e 35
Amtszeit die -en 95
an.bringen A, bringt an, brachte an, hat angebracht 48, 52, 54
Anbringung die 48
ändern A 50, 88, 94
anerkannt 75
an.fallen (eine hohe Gebühr), fällt an, fiel an, ist angefallen 85
an.fassen A 37
Anfrager/-in der/die -/-nen 65
an.führen (Argumente) 36
Angehörige der/die -n 35, 76
Angel: zwischen Tür und Angel 78
Angelegenheit die -en 12
angelsächsisch 105
Angst die Ängste 58, 82
anhaltende_ 69 (Gr. S. 71)
anhand G 35, 44, 54, 75
an.hören A 95
an.kündigen A 62
Ankündigung die -en 62
Anlage (Geldanlage) die -n 59
Anlage (zu einem Brief) die -n 27
Anlagenbau der 38, 44
an.legen (einen Garten, Parks) 50
an.melden A 47
an.melden sich 29, 47
Annäherung die 84

Annahme die -n: Sind Sie sicher, oder ist das nur eine Annahme? 48
an.nehmen, nimmt an, nahm an, hat angenommen: Ich nehme an, dass er morgen kommt. 28, 48, 59, 69
an.passen A 54
Anregung die -en 98
Anreise die -n 9
an.sagen A 102
an.schaffen A 44
Anschaffung die -en 44
Anschauung die -en 97
an.schließen A, schließt an, schloss an, hat angeschlossen 54
Anschluss (an ein Gerät) der Anschlüsse 44, 49, 54
an.sehen A als A, sieht an, sah an, hat angesehen 105
an.setzen (einen Termin) 65
an.springen (Motor, Auto), springt an, sprang an, ist angesprungen 79
Anspruch der Ansprüche 69
anspruchsvoll 13
anstelle von D / G 105
Anstellung die -en 29
Antrag der Anträge 27, 28, 29, 32, 33
Antragsteller/-in der/die -/-nen 32, 35
an.treten (eine Stelle), tritt an, trat an, hat angetreten A 29
Antritt (Arbeitsantritt) der 27
an.vertrauen D A 85
Anweisung die -en 29
Anwesende der/die -n 76
Anzahl die -en 99
Anzeige (Immobilienanzeige) die -n 24, 63
an.zeigen A 65
Anzug der Anzüge 50
Apfelsaft der -säfte 23
Apotheke die -n 66
Appell der -e 20
Arbeitgeber/-in der/die -/-nen 29, 67, 68, 72, 88
Arbeitsamt das -ämter 29
Arbeitsaufnahme die 34
Arbeitsbedingungen (*Plural*) 75
Arbeitserlaubnis die -se 28, 29, 34
Arbeitslose der/die -n 68, 76
Arbeitslosigkeit die 68, 69
Arbeitsordnung die 33
Arbeitsschutz der 95
Arbeitsunfähigkeit die 75
Arbeitsverfassungsgesetz das -e 95
Argument das -e 16, 36, 37, 38, 39
arrangieren A 50
Art déco das 42
Atemwege (*Plural*) 69
Atlantik der 70
Atmosphäre die 86
attraktiv 37, 39, 42, 62
Attribut das -e 94
Aufbau der 99
auf.bauen A 48, 49

Auffassung die -en 97
auf.fordern A zu D 65, 89
Aufgabenstellung die -en 96
aufgeregt 78
auf.heben (eine Bestimmung, ein Gesetz), hebt auf, hob auf, hat aufgehoben 35
Aufnahme (einer Arbeit) die 28
auf.nehmen (eine Arbeit), nimmt auf, nahm auf, hat aufgenommen 77
Aufregung die 20
auf.springen, springt auf, sprang auf, ist aufgesprungen 90
auf.stellen A 47, 54, 80, 102
auf.suchen A 67
Aufteilung die 99, 105
auf.tragen (Farbe), trägt auf, trug auf, hat aufgetragen 52
Aufwand der Aufwände 60
auf.zählen A 60
Augenarzt/Augenärztin der/die -ärzte/-nen 67
aus sein, ist aus, war aus, ist aus gewesen: Der Rinderbraten ist aus. 19
aus.brechen (eine Finanzkrise, eine Krankheit), bricht aus, brach aus, ist ausgebrochen 84
aus.drücken A 13, 20
aus.drucken A 53
auseinander.nehmen A, nimmt auseinander, nahm auseinander, hat auseinandergenommen 47
Auseinandersetzung die -en 84
aus.fallen (der Strom, die Klimaanlage), fällt aus, fiel aus, ist ausgefallen 85, 97
aus.fallen (Unterricht), fällt aus, fiel aus, ist ausgefallen 93
Ausfallzeit die -en 85
aus.führen (eine Tätigkeit) 88
aus.führen: Bitte führen Sie das etwas näher aus. 74
ausführlich 42, 74
Ausführung die -en: Standardausführung 45
Ausgabe die -n 56, 59
ausgenommen 26, 32
ausgestattet mit D 37, 86
aus.kommen mit D, kommt aus, kam aus, ist ausgekommen 86
Auslandsvertretung die 27, 29, 32, 35
Ausnahme die -n 28, 34
ausnahmsweise 9, 76, 77
aus.nehmen A von D, nimmt aus, nahm aus, hat ausgenommen 26
aus.packen A 55
aus.räumen (das Zimmer) 46, 47, 52, 53
aus.reichen 60
aus.richten D A 7
Ausrichtung die 48
Aussage die -n 14, 20, 24, 67
Aussehen das 12

112 GLOSSAR